植民学の記憶

―アイヌ差別と学問の責任―

植木哲也 著

緑風出版

目次

植民学の記憶——アイヌ差別と学問の責任

第三章　内国植民論　85

第一章　差別講義事件

一　北大差別講義事件

軍艦講堂

旅行者や買い物客でにぎやかなＪＲ札幌駅から歩いて一〇分もかからない場所に、北海道大学の正門は位置する。人口一九〇万人を数える都会の中心部にありながら、その門の奥には約一八〇万平方メートルという緑豊かなキャンパスが広がっている。敷地にそって南北に走る地下鉄の最寄り駅が、大学構内に配置された校舎や施設に応じて、「札幌」「北一二条」「北一八条」の三駅にまたがることからも、その広さは推しはかれるだろう。

正門を入ると、右手に大学本部の建物がある。一般にあまり知られていないが、その正面左手に銅像が一つ立っている。北海道帝国大学初代総長だった佐藤昌介の胸像である。

正門の先には、中央ローンと呼ばれる緑地がひろがり、この緑地をはさむように道が左右に分かれる。右に進むと道は図書館の前をゆるく左にカーブした後、ロータリーのある広場に出る。広場の左手前にもう一つの銅像がある。こちらは、「ボーイズ、ビー・アンビシャス」の言葉で知られた札幌農学校初代教頭ウィリアム・Ｓ・クラークの胸像である。いっぽう右手には「古河講堂」と呼ばれる古風な木造校舎が建ち、広場をはさんで正面の木立の奥に、農学部のレンガ造りの建物がそびえている。

ロータリーの交差点を右に曲がると、北大構内を約一キロにわたって南北に貫く通称「中央通り」である。この通りへ入ると、左手に「エルムの森」と呼ばれる緑地があり、通りをはさんだその向かいに、南から経済学部、法学部、文学部、教育学部の文系四学部の校舎が並んでいる。通りから直接目にすることはできないが、「人文・社会科学総合教育研究棟」と呼ばれる近代的校舎の背後、法学部と文学部にはさまれる位置に、黒いゴツゴツした外見の建物がひそんでいる。「軍艦講堂」という奇妙な通称は、その特異な外見が軍艦に似ているためだという。内部は四つの学部が共同で使用する教室である。

かつて、その教室の一つで事件が起こった。

発端

一九七七年四月、北海道大学経済学部ではいつもの年度と同じように新学期が始まっていた。軍艦講堂の一番教室で開講された「北海道経済史」は、経済学部四年生を対象に毎週金曜日と土曜日に開かれる講義だった。一〇〇名ほどの受講生に対して、授業を担当したのは、当時経済学部長を務めていた林善茂である。

講義に出席した学生たちの話によると、林教授は最初の講義で、「北海道経済史は日本人を主体にした開拓史であり、アイヌの歴史は切り捨てる」と語った。それだけでなく「学生たちを笑わせるための冗談や雑談」として、アイヌ民族の身体的特徴を強調し、アイヌ女性を蔑視した表

現をするなど、差別的な言葉を繰り返した。注1

こうした発言を「暴言」と感じた学生が一人のアイヌに相談した。相談を受けたのは結城庄司。当時、アイヌ解放同盟の代表として、積極的に民族差別問題に取り組んでいた人物である。とくに研究者たちによるアイヌ差別に反対する活動を展開し、札幌医科大学で一九七二年に開催された日本人類学会と日本民族学会の連合大会で、出席者に公開質問状を提出し、アイヌ民族に対する研究者の意識を問いただしていた。

六月一七日、結城は学生たちとともに教室にあらわれ、林に対して「アイヌ民族をどう思っているのか」「なぜ差別を助長するような発言をするのか」とたずねた。しかし林は、「学外者が講義内容に口をはさむのは大学の自治を侵す」として答えなかった。翌一八日に予定されていた講義は、会議を理由に休講となった。

結城は何度か林に話し合いをもとめた。結城の質問にたいして林は、指摘されたたぐいの発言を行なったことは認めたが、その内容が差別的であることは否定した。その後、講義中にこの問題について質問や意見が出ると、林はだまって教室を立ち去り、授業はしばしば中断した。

林からの説明がないことを理由に、一部の学生たちは「林教授によるアイヌ差別発言をめぐる討論集会」を開催し（七月七日）、しだいに批判をエスカレートさせていった。七月八日には、講義開始とともに学生たちが林への「糾弾行動」に出たが、林は口を開かなかった。同日の朝日新聞朝刊は「講義でアイヌ差別」「北大学生ら林教授に抗議」の見出しで一連の出来事を詳細に報道していた。

一九七七年七月九日

翌七月九日の講義でも、学生から差別発言に関する質問と自己批判を求める声があがった。この日、五〇人ほどの学生が教室に集まり、一〇時四〇分に講義がはじまると、問題とされた発言の録音テープが再生され、その内容が確認された。しかし林は、沈黙を守り、ひとことも発言しなかった。

一二時二〇分までの講義時間が終わっても、事態は進展しなかった。受講生の多くは帰りはじめたが、二〇人ほどが教室内に残り、教室を内側から施錠し、沈黙する林に自己批判を求めた。『北海道大学新聞』第七六六号によれば、「この間、林教授は学生に対して一切口を開かず、また追及に対する反論すら行なわなかった。学生らが彼に対し直接暴力を加えることは全くなかった」。

教室内は膠着状態におちいった。学生たちは事態の打開をはかって経済学部教授会に林への説得を申し入れたが、教授会はこれを拒んだ。午後二時半と四時には大学側の要請で医師が教室内に入り、林の健康状態を確認した。

午後六時半過ぎになって、とうとう大学は警察の出動を要請する。林の健康上の不安がその理由だった。一二〇人の警官隊によって林は約八時間ぶりに「救出」され、病院に収容された。その際、学生のうち三名が「不法監禁」の容疑で逮捕された。

助手有志による質問状

事件後、大学側の対応に批判の声があがった。七月一一日には、「不当逮捕糾弾緊急抗議集会」が中央ローンで開かれ、「受講生他五十名が結集」した。一四日に経済学部の助手有志は教授会へ公開質問状を提出し、一五日に発行された『北海道大学新聞』第七六六号は「林善茂を糾弾する」記事を掲載した。そのほかにも経済学部や文学部で一部の学生たちが林や経済学部教授会に対する責任追及の「決議」を行なった。

経済学部助手有志による質問状は、大学による警官隊導入に疑問を示した。今回の事態をもたらした原因が林の発言や態度にあることを指摘し、教授会の見解を問いただした。その内容はおよそ次のように整理できる。

質問一　林の発言およびその後の態度について経済学部教授会はどのように考えているのか。
質問二　機動隊導入は本当に必要だったのか。

二番目の質問はさらに二つの質問をともなっていた。第一に、林の「解放」のために教授会は説得の努力を行なったのか。第二に、学生による林との仲介の申し入れをなぜ拒否したのか。

さらに質問状は、講義室内に残った学生よりも集まった教授会スタッフの数が多いという状況で、一二〇名もの機動隊を導入したことが「全く非常識」であり、「経済学部の歴史に重大な汚点」を残したと述べたうえで、機動隊導入の責任の所在と釈明を教授会に要求した（結城庄司一九八〇、二三二 - 四）。[注2]

教授会告示

これらの抗議や質問に対して経済学部教授会は、「七月九日の『北海道経済史』講義をめぐる事態とこれに対する措置について」と題する告示を行なった（七月二〇日）。その内容のうち、事件の推移に関する部分を要約すると、以下のようになる（結城一九八〇、二二五 - 八より）。

七月九日の「北海道経済史」（林善茂教授担当）の講義において、講義終了予定時刻後かなりの長時間にわたって担当教官の退室と外部からの入室が困難となる事態が発生した。経済学部教授会はこの事態を解消するためできうるかぎりの努力を試みたが、林教授の身体状況が憂慮されるにいたったので、医師一名が入室し、診断したところ血圧が「かなりの高さ」にあり、このままでは危険との所見が報告された。

教授会は学生への説得を続けたが、教室への出入りは「ヘルメットを着用していた学生によって阻止された」。

告示は、学生側から話し合いの仲介要請があったことも認めている。

その間、学生側から林への説得を求められたが、このような「不正常な状況下」での討論は、「自由対等の条件のもとでおこなわれるべき討論の原則」に反し、「絶対にゆるされるべきことではない」。何よりも「現状の解消が緊要であると判断し」学生への説得活動を続けた。教授会は教官の入室を要請し続けるとともに、経済学部長代理名で現状の「解除命令」を、さらに法学部長による「退去命令」を学生たちに出したが、受け入れられなかった。そのため「警察力による現状の解除、林教授の救出を要請するのもやむなきにたちいたった」。受講生、学部学生、大学院生、教職員各位の理解をのぞむ。

不可侵の原則

「不正常な状況下」での討論は、「自由対等の条件のもとでおこなわれるべき討論の原則」に反し、「絶対に許されることではない」。これが学生と林の話し合いを仲介しなかった理由である。教授会告示は、さらにこの「教授会の原則的態度」について、およそ以下のように説明している。

北海道大学経済学部における「講義のすべてについて教授会は、その内容はもとより、講義の方法等についても、すべては担当教官の責任においておこなわれるべきものであって、教授会が機関として批判的論評その他いかなる形にせよ一定の見解を示すことはできないとする不可侵の原則を不動の鉄則としている」。そして、「この原則を尊重・遵守することは大学における学問研究と教育の自由を、これにたいする外からの侵犯・制約から守り、保障するために不可欠の要件である」。

さらに、この原則が担当教員の「思想・信条・理論的立場の如何」を問わず適用されること、「担当教官と受講生とのあいだに交わされる質疑批判等に対して何らの制約も教授会が与えうるものではない」こと、また個人が個々の立場で論評・批判・助言・忠告などを行なう自由も制約されないことが述べられている。

したがって、林の発言がたとえどのようなものであっても、それは「担当教官の責任」であり、教授会は「一定の見解」さえ明らかにできない。要するに、経済学部教授会は「学問の自由」を盾にして、問題への介入を拒んだのである。

九月一五日発行の『北海道大学新聞』（第七六七号）は、経済学部教授会の告示を取り上げ、「もし自由平等の討論をいうのであれば、それはむしろ、機動隊によってそうした討論ができなくしてしまった教授会にこそ問われなければならない」と批判した。個人の名において批判することが許されるのなら、どうして教授会メンバーの誰一人として個人の名で林を説得しようと試みなかったのか。「大学の自治」や「学問の自由」が意義を持つのは、教員や学生が真摯に批判や討論を実行している場合だろう。林のようにひたすら沈黙をきめこむことが「学問の自由」を守ることにつながるのか、と。

その後の展開

逮捕された三人の学生について、札幌地方裁判所は不起訴の決定をした（七月二九日）。いっぽう林は、病気を理由に経済学部長を辞任し、教授の大爺《おおや》栄市が学部長事務取扱の任についた。林はキャンパスから姿を消し、秋から始まる「北海道経済史」の後期授業は取りやめになった。受講生たちには「補講テキスト」が配付され、試験に代わるレポートの提出が求められた。林が受けもっていた他の授業は、別の教員に担当が変更された。

夏休み明けの九月一六日、事件に対する抗議集会が開かれ、一〇月一三日には「林糾弾集会」が催された。一〇月一五日付の『北海道大学新聞』第七六九号は、林や経済学部教授会の態度を「学生の追及に対してひたすら責任回避や逃亡を続ける醜悪な姿」と形容した。一〇月二四日には林の姿が学内で目撃されている。

経済学部では、林を批判する五つの「ゼミ決議」が行なわれ、一一月二六日には二つのゼミナールが林と教授会に公開質問状を提出した。一四三人の賛同書名が経済学部学生から集まったという。

一二月八日に経済学部教授会が開かれ、翌日これらの質問状へ回答がなされた。しかし、その内容は、教員個人による「助言」と、林との話し合いの実現を「期待する」というだけで、積極的に話し合いを仲介しようというものではなかった。

いっぽう林からは、受講生の質問に答える機会を持つとの内容の声明がだされた（『北海道大学新聞』第七七一号）。『北海道大学新聞』第七七二号は、林と学生たちの討論会を翌年の一月三〇日に開催するという「確約」が得られたと記している。

時代状況

一九七〇年代は各地で爆破事件が相次いだ時代である。

一九七四年八月三〇日、東アジア反日武装戦線「狼」を名のるグループが三菱重工業東京本社ビルで時限爆弾を爆破させ、死者八名、負傷者三七六名の大惨事となった。その後一九七四年から七五年にかけて有力企業の社屋や工場などで発生した連続企業爆破事件のはじまりである。

北海道でも一九七五年七月一九日に北海道警察本部庁舎内で爆発があり、四名が負傷した。また一九七六年三月二日には北海道庁ロビーで時限爆弾が破裂し、二名が死亡、八〇名余りが重軽傷を負う事件があった。この二つの事件でも、「東アジア反日武装戦線」を名のる犯行声明文が発見された。

北海道大学も爆破事件の標的とされていた。一九七二年一〇月二三日、旭川市常盤公園内の

「風雪の群像」と北海道大学文学部内の北方文化研究施設が時限爆弾によって同時に爆破された。風雪の群像は北海道開拓百年を記念して制作された五体の像だが、そのうちのアイヌとされる一体だけがひざまずいた姿勢であることが、かねてより批判されていた。また北方文化研究施設には多数のアイヌ民俗品が研究資料として収納されていた。群像は大破したが、北大の被害は軽微だった。この事件を引き起こしたとされるのも、後に東アジア反日武装戦線を名のるグループだった。

東アジア反日武装戦線は、当時アイヌ革命論を唱えていた太田竜に思想的影響を受け、アイヌ民族に対する侵略者を攻撃するという名目で、北海道における一連の爆破事件を引き起こしていた。和人（大和民族）の活動家たちがアイヌ民族を引き合いに出して、自分たちの活動を正当化しようとしていた時代だったのである。

太田竜も一九七二年に結城庄司に接近し、同年八月に札幌医科大学で開催された日本民族学会と日本人類学会の連合大会のシンポジウムで檀上にあがり、公開質問状を読み上げた。しかし、武力闘争を呼びかける太田に対して、平和的な解決をもとめる結城は批判的だった。はたして二人は二ヵ月後に訣別し、結城は太田のアイヌ革命論を「アイヌ民族の真実を少しも知らない愚論」と、また太田の著書を「アイヌに対する冒瀆の書」と断じることになる（結城一九八〇、一一五）。

しかし、アイヌ民族側が武装グループとのかかわりを否定しても、官憲はしばしばアイヌ民族を「爆弾テロ」に結び付けようとしていた。

学生闘争

当時の学生闘争に対する大学の対応も確認しておく必要があるだろう。

東大闘争と日大闘争の一年後の一九六九年四月以降、北海道大学では事務局、教養部、文系四学部校舎などが次々と学生によって封鎖されていった。これに対して大学当局は当初、学内における自主的な封鎖解除をめざしたというが、一〇月二一日の国際反戦デーで学内を出発した二〇〇〇人に及ぶ学生や教職員が正門前で機動隊と衝突すると、これをきっかけに大学側は警察力を学内に導入するようになる。その後、学生たちが校舎を封鎖すると大学がこれを機動隊によって解除することが繰り返された。一時は機動隊が学内に駐留し、一九七〇年一月の授業は警察権力の抑止力のもとで開始されたという。学内の問題を機動隊の力で解除することが、常態化していた。

差別事件のあった一九七七年は学生闘争のピークを過ぎてすでに数年が経過していたが、その余韻はまだ消えたとはいえず、学内外でいくつかのセクトが活動を継続していた。大学側は、今回の事件もまた「過激派」学生による校舎封鎖の再発とみなし、いつものように機動隊を導入することで問題を処理できると考えたようである。実際、経済学部教授会の告示は、学生たちがヘルメットを着用していたことに言及していた。一部の報道も、学生が「ヘルメット姿」であったと報道し、学生たちと特定セクトとのつながりをほのめかした（『北海道新聞』七月一〇日）。今回の事件を一部「過激派」の活動とみなすことで、大学側が自分たちの正当性を示そうとした気配が感じられる。

しかし、『北海道大学新聞』（七六七号）に掲載された当日の教室内の写真には、ヘルメットを着用した者は写っていない。いずれにせよ、当時の報道を見る限り、学生たちが暴力に訴えた形跡はない。求められていたのはあくまでも話合いだったが、大学側は暴力的封鎖に対するのと同じ手段をもって対応した。

二　命をかけた闘い[注3]

結城庄司の公開質問状

後期の授業がはじまり、冬が近づく時期になってもいっこうに進展しない事態を受けて、結城庄司自身も林善茂に宛てて公開質問状を送った（一二月一四日）。その中で結城は、八つの項目について林に回答を求めた。一二月二〇日まで、という回答期限も設けられた。以下、長文になるが、『北海道大学新聞』第七七二号から全文を掲げておく。[注4]

われわれは、日本列島の北端に生存し続けてきた、誇りある原住民族アイヌの子孫であることを宣言する。

一九七七年十二月冬を期して、アイヌ民族を自覚する数万人のウタリを代表し、林教授に対し、次の八項目にわたって「公開質問状」を提出する。

よって、送付送達の日から一九七七年十二月二十日をもって回答することを要求する。

一、一九七七年四月十五日より開講された北大経済学部講義「北海道経済史」の内容に於いて、学部長という当時の経済学部教授会の総括責任者の地位と立場にあった林教授が、アイヌ民族に対する差別発言を数回に及んで行なったことが、受講生による証言、さらに録音テープによって確認されたので釈明することを求める。

二、林教授は「北海道経済史は辺境における開発の歴史である。主体は日本人であってアイヌではない。」と言う。「北海道経済史」の講義冒頭に発言した論理上の矛盾に関して、次の(A)、(B)に対して回答を要求する。

(A)、「主体は日本人であってアイヌではない」とする理論に到達するまでの根拠を学問的に詳細に示せ。

(B)、「辺境における開発の歴史」とはどのようなことであったのか。歴史的事実にもとず《ママ》いて史観と視点、見解を詳しく述べることを求める。

三、さらに、「アイヌの歴史は切り捨てる」と言及した点について。「アイヌ史」はなぜ切り捨てられなければならないのか。現代の視点から、アイヌ民族全体に納得の出来るよう回答を要求する。

四、「アイヌ民族は同化してしまっている」（六月十七日）の問題に対して、日本国内の少数民族アイヌとして、その存在が学問、学術的に認められないとするならば、その理論的根拠を科学的に明確な回答を要求する。

五、林教授が「北海道経済史」講義の中に述べた次の(A)、(B)、(C)、(D)、(E)の問題点は、すでに経済学部「北海道経済史」受講生の証言と録音テープによって証拠として明らかにされている。

アイヌ民族に対する偏見もはなはだしく軽蔑、侮蔑、差別的発言として、アイヌ民族全体を蔑視するものであり、一切許されるものではないと判断するものである。

さらに、学者、教授としての倫理、モラルの信義に照らして、どのような脈絡からすれば次のような発言が行なえるのか。釈明することを要求する。

(A)、（日本人との）混血には美人が多いから気をつけろ。

(B)、アイヌは札幌なんかでは、うもれてしまってわからなくなっている。

(C)、アイヌ解放同盟などと騒いでいるけれど純粋なアイヌなんてほとんど存在しないから、そんなことをやっても無駄だ。

(D)、和人が渡ってきた時に、アイヌの娘と婚姻があった。先進民族にあこがれるのは占領軍時代のパンパンと同じだ。

(E)、アイヌっていうのは、偶然アイヌっていう意味なんです。アイヌは、別にイヌとは何の関係もありません。日本人のイヌとは。ところがこれらの番犬どもがやってきますと、アイヌだ、人間とイヌの合いの子なのであるという扱いをしたわけです。ですから、いろんな伝説があります。八犬伝のような話が伝えられて、まことしやかにあって。日本人とイヌとの間に出来たのがアイヌだ、だから私たちは駆使されてもしようがないんだと、実際に言っております。

六、アイヌ民族に対する和人の侵略と収奪が国家の暴力支配という形で、アイヌ民族を衰亡させてきた歴史は事実として立証されている。さらには、日本人によるアイヌ民族差別は今日まで続いてきたのである。本来はそうであってはいけないのである。だがしかし、林教授による「北海道経済史」講義が非科学的に非論理的に受講生に語られた事実を素直に認めることを要求する。

七、日本史にある北海道と改名した一八六九年以後の明治期における侵略の歴史は、アイヌ民族に対する天皇制度による侵略支配であった、と断定するが、北海道大学の経済学部「北海道経済史」の範疇で、アイヌ民族と天皇の関係について回答することを要求する。

八、当時（一九七七年四月十五日〜八月十四日まで）は林教授は経済学部長であり、北大内の地位と責任性の関係関連において経済学部教授会はもとより北海道大学当局全体と、今村成和学長の責任を要求する。

以上の質問状を公開して、林教授がアイヌ民族全体に対し回答し、アイヌ民族差別発言に対して謝罪することを要求する。

さらに、八項目に対して文書をもって回答すること。公開の場に於いて誠心誠意のある謝意を態度をもって示すことを強固に要求する。

一九七七年十二月十四日

アイヌ解放同盟

代表　結城庄司

北海道大学経済学部教授

林　善茂　殿

真冬の座りこみ

しかし、期限になっても林からの回答はなかった。結城は翌日（一二月二一日）、抗議の意を示すために北海道大学経済学部の校舎前に看板を設置し、「雪中越冬の凍死もあり得ることを覚悟してテントを張り」、支援の学生二名とともに座り込みを開始した。

座り込みが始まって二日目の一二月二二日、結城のテントに一通の手紙が届いた。差出人は林善茂だった。その中で林は、結城の質問を「講義の文脈から切離して言葉尻をとらえて非難した」ととらえ、学生との話合いは持つが「第三者であるあなた〔結城〕と、この問題ついて論議をおこなうつもりは全くない」と述べた。さらに自分にアイヌ差別の意図がないだけでなく、アイヌに対して「親愛の情」や「感謝と尊敬の念」を抱いていることを強調した。その上で「北海道経済史」の講義内容の学問的正当性を論じ、結城の批判は自分を「アイヌ差別者化」するための「意図的な非難」であると反論した。

結城は、宛先が「アイヌ民族全体」でなく結城個人であるという理由で、この手紙を無視することとした。

二度目にテントに届けられた手紙は、結城個人ではなく解放同盟宛てになっていた。しかし、これも一通目と同文の内容だったので、結城は再び受け取らなかった。林自身が結城とは話合わないと断言していたからである。

一二月二八日になって、三通目の手紙が届いた。林ははじめて話し合いに応じる素振りをみせた。その手紙の中で、座り込みが続くことは「おたがいに不幸なことだと思います」と述べ、テント撤去を条件に「明年一月の早い時期にあなた〔結城〕と会見して、この問題を解決したいと思います」と提案した。しかし、結城はテント撤去の条件を受け入れなかった〔結城一九八〇、二四五‐八、さらに『朝日新聞』一九七七年一二月二二日など)。

公開質問状への回答を求めて、座り込みは年を越した。この間、数人の大学関係者が「退去命令」を告げに三度ほどテントにやってきた。そのいっぽうで全国各地から二〇通の激励電報が結城のテントに届き、大学生や一般市民一五〇名がテントを訪れ結城を慰問したという(結城一九八〇、二四九、『北海道新聞』一九七八年一月八日)。

チャランケ

一九七八年一月九日、萱野茂が結城と林の仲介役を引き受けることとなった。萱野は平取町二風谷のアイヌ・コタンに生まれ、一九五〇年代からアイヌ民具や民話の収集を開始し、一九七二年には私設の二風谷アイヌ資料館を開設するなど、アイヌ文化の復興に努めていた人物である。後に日本社会党から参議院選挙に出馬し、アイヌ民族最初の国会議員となったことはよく知られている。当時すでにアイヌ民族の中で指導的役割を果たしていた。

萱野の仲介で、一月一一日に話し合い(チャランケ)がもたれることになった。座り込み組からは、結城のほか二名の学生と北海道反差別労働者会議議長山田順三が、いっぽう林側は経済学部長代理の大爺栄一、所哲也の二教授が出席し、萱野が座長を務めた。

萱野は話合いの中で、どちらに肩をもつ気はない、お互い納得のいくように話し合いたいと思うが、最後まで人を追いつめるようなことはしないよう要請した。その日のチャランケは七時間に及んだという。林が社会的に追いこまれ孤立している事実を結城は確認し、いっぽう林は「皆さんにご迷惑をかけて申し訳ありません」と頭を下げた。

さらに一月二〇日に再び六時間のチャランケが行なわれた。これらの話し合いの結果、最終的に林が文書で反省の意を表明するという合意が成立した。経済学部前の座り込みも一月二一日に三二日ぶりで解除されることになった。

一月二二日、北海道教育会館を会場に、質問状に対する林善茂の「公開回答」が行なわれた。結城をはじめ四〇〜五〇人の参加者を前に、公開質問書の八項目一つ一つに答える形で、林は回答文書を読み上げた。最終的に林は「私の内なる差別性を深く反省する」と自己批判し、「アイヌの人たちの真情を十分理解せずにいたことを恥ずかしく思う」と述べたという（『朝日新聞』一九七八年一月二三日）。

それでもなお、参加者から林の今後の責任の取り方について具体的な回答を迫る意見があい次いだ。研究会などアイヌ民族の正しい理解のために取り組むことを確認して、この日の公開討論は終了した。アイヌ解放同盟はこの問題が「一教授の問題でなく」「北大の全学的問題である」との見解を表明した（『北海道新聞』一九七八年一月二三日、『北海道大学新聞』第七七二号）。

林の回答書

『北海道大学新聞』第七七二号（一九七八年二月一五日）に掲載された林の回答書の内容を見て

みよう。

まず質問一に対して、事件当時自分が経済学部の総括責任者の地位にあったことを認めた上で、すべての質問に誠意をもって答えることを約束した。

質問項目二の(A)について、「主体」とは「開発を推進し、そのすべてについて責任を負うべきもの」のことであり、「開発活動によるアイヌ民族のさまざまな被害に対して」「日本人が責任を負うべきものだ」と説明した。(B)については、「辺境」とは「隣国と境を接し、中央政府から遠く離れているという意味」だが、「この意味では、潜在的にアイヌモシリは日本の領土であったこと」になるので、今後使用しないと答えた。

質問項目三については、「開発史はアイヌ史ではない」とは言ったが「アイヌの歴史は切り捨てる」と言った記憶はないとしたうえで、しかし受講生にそのような受け取られ方をした点については「深く責任を感じ、今後注意」すると返答した。

質問項目四についても、「アイヌ民族は同化してしまっている」という発言が「言い過ぎ」であったこと、アイヌ民族が少数民族として存在することを認め、アイヌ民族を維持し存続させることが開発の加害者である日本人の義務であると述べた。アイヌ民族の正しい理解のために北大に講座を開設するよう努力することも約束している。

また項目五で挙げられた数多くの差別的発言についても、すべてについてその非を認め、「このような言葉で、アイヌ民族の人々が現実において差別され、非常な苦痛を与えられていることをわきまえず、講義内で語ったと言うことについて深く反省します」と語った。

さらにアイヌ民族に対する和人の侵略と収奪を認め、国家の暴力的支配がアイヌ民族を衰亡させてきた事実を確認し（項目六）、さらにアイヌ民族と天皇との関係についても結城の主張を受け入れ、アイヌ民族の困難に対する償いの必要性に言及した（項目七）。

何が問われていたのか

翌日の新聞各紙はこの日のやり取りを、「林教授が〝全面降伏〟」（北海道新聞）、「全面的に非認める／林教授が自己批判」（朝日新聞）という見出しで報道した。

しかし、正確に言うと、林の反省は「全面的」でない。八項目の質問に対して、回答がひとつ抜け落ちていたのである。

それは項目八、つまり林個人の責任でなく、学長を含めた北海道大学という組織全体の責任を問題にした項目だった。

結城の質問事項のうち、項目一から六は基本的に林の教室内での言動を問題にしている。しかし残りの二つは、それを超えた内容を含んでいた。項目七は明治時代以降のアイヌ民族の歴史と天皇制のかかわりを問題にし、項目八は北海道大学の組織としての責任を追及している。林は項目一から六の批判をほぼそのまま受け入れ、さらに天皇制についても基本的に結城の見解に同意した。しかし、項目八の問題にはまったく触れなかった。この点を指摘したのは、北海道大学の学内紙『北海道大学新聞』である（第七七二号）。

新聞各紙の報道や結城の質問状からわかるように、事件の発端となった林の発言は、おおきく二種類に類別される。

ひとつは、差別的・侮蔑的な発言である。林は講義中にアイヌの人々の身体的特徴をことさら強調したり、アイヌ女性を蔑視したりする言葉を口にした。これらは講義の合間の雑談や冗談とされ、林善茂という個人の人格や意識、モラルや倫理の問題とみなすこともできる。

しかし、もうひとつは講義の内容に由来する発言だった。林は「北海道経済史」を「辺境における開発の歴史」と規定し、その主体を和人に限定し、アイヌ民族をそこから除外した。それだけでなく、アイヌ民族を和人に同化したものとみなし、民族としてすでに消滅したかの発言を行なった。これらが学生たちに「アイヌ民族を切り捨てる」という印象を与えたことを、林自身も認めている。

これら後者の発言は「北海道経済史」の講義内容やその歴史的背景の説明として行なわれたものであり、その学問的内容から切り離せるものではない。たとえ林個人の見解だとしても、それはあくまでも学問的な見解である。それらが差別的だったとすれば、それはそこで講じられた学問そのものが差別的だったことにほかならない。

さらに、「北海道経済史」の授業も、そこで講ぜられる学問も、林の個人的活動ではない。講義は大学の責任で開講され、学問は公的に研究されるものである。講義内容に問題があるとすれば、それは担当者の問題であると同時に、大学の問題であり、学問の問題でもあるだろう。結城の公開質問状の項目八は、この点を問いただしていたが、林はこの質問にまったく答えなかった。

「学問」の反応

こうした問いかけに対して、「学問」の側は事件の発端からいっさい応えようとしなかった。林自身が学生たちの質問に答えなかっただけでなく、先に見たように、七月二〇日の経済学部教授会告示も、「学問の自由」を理由に講義の内容に立ち入ることを禁じた。教授会であっても干渉できないという「不可侵の原則」が、批判をあくまで林個人の範囲内に押しとどめていた。

林も当初、講義の内容自体が批判されるとは考えていなかった。「二十三年間も私はこのノートで講義してきたが、今みたいに文句をいわれたことはなかった」と結城に語り〔結城一九八〇、二二五〕、座り込み中の結城に宛てた手紙の中で、およそ以下のように自分の発言の正当性を主張した。

　私の「北海道経済史」は開発史の視角から、北海道経済の発達過程を、事実にもとづいて、客観的に記述したもので、特定のイデオロギーにもとづく、特殊な主張と異なることは当然である。開発の主体が日本人であることは周知の事実で、〔…〕原住民であるアイヌは採取経済を営み、開発活動のごときはみられ〔ない…〕。この意味において、北海道開発の主体は日本人で、功罪ともにその責任は日本人にあることは疑いない。〔…〕「開発史」は「アイヌ史」ではない。歴史の叙述は開発過程にそって展開し、アイヌ中心の「アイヌ史」とは異なるのは当然である。

自分がアイヌ民族を取り上げないのは学問的理由にもとづくことであり、差別のそしりは筋違いだというのである（結城一九八〇、二四五）。

「学問」を理由に質問や批判を振り払おうとする林や大学の態度が、学生たちの態度を硬化させていったことは、事件の経過からも明らかである。七月九日の「軟禁」の際、学生たちの問いかけに林や教授会が応じなかっただけでなく、事件後、林は大学から姿を消した。学生たちはあちらこちらで抗議の声をあげたが、教授会はあくまでも問題を個人レベルで処理しようとした。糾弾は大学や「学問」に及びえないという独断を問いなおそうとしなかった。

しかし、学生たちの考えは違っていた。

学生たちは、教授会告示は二つの点で問題のすり替え、ないし隠蔽である、と批判した。第一に、林が学生たちとの話し合いに応じなかった事実を林の健康問題にすり替え、警察力の導入を正当化しようとした。第二に、教授会の責任は何よりも学生たちと林との話し合いの場を破壊したことであるにもかかわらず、警察力の要請についてしか触れていない。そして、このような隠蔽が為されたのは、学生たちの「闘いが林個人の差別発言に対する即事的対応を超えた、大学、学問そのものの問題へと深化する質を持つこと」を、教官たちが「敏感なる自己防衛本能で察知した」ためだった、と学生たちは論じた（結城一九八〇、二二九 - 二三二）。

学生たちの追及は大学や学問のふところ深くまで浸透する可能性をはらんでいた。

三　研究者たち

林善茂

では、そこで標的にされた大学や学問とは、いったいどのようなものだったのだろうか。事件の当事者である林善茂とはどのような人物で、かれの学問はどのようなものだったのだろうか。学生たちの矛先には何があり、誰がいたのか。

まずは林善茂の経歴を見てみよう。かれは一九二二年小樽市に生まれ、一九四三年九月に北海道帝国大学農学部農業経済学科を卒業し、研究生や助手を務めた。当初は農政学講座（後の農業経済学第一講座）に属していたが、一九四八年三月に農業経済学第三講座に移り、同年八月に同講座の助教授に就任している。

一九五三年八月、北海道大学に経済学部が誕生すると、農業経済学第三講座は農業経済学第四講座（経済・財政学）とともに農学部から経済学部に移された。林も、第三講座の教授だった高倉新一郎とともに経済学部に移籍し、助教授として経済史などを担当することになる。その後、一九六三年四月から教授、一九七六年から経済学部長を務めた。差別講義事件が起こるのは、学部長就任の翌年のことである。

一九九六年一一月に北海道大学総務部が発行した『北大時報』五一二号は、林の研究をおよそ以下のように解説している。その「第一は、和人による開発以前のアイヌ民族の経済生活に関するもので」あり、「北海道におけるアイヌ原始農業の実態を農業技術および営農形態について克明に復元し」、「狩猟・漁猟民族として知られているアイヌ民族においても、農耕がかなり重要な位置を占め」ることを明らかにした。ふたつめは、開拓農場を中心とする拓殖史の分野を研究し、和人入植後の北海道開拓史でも「優れた成果」をのこしたとされる。

林の主著と言えるのは、一九六九年に刊行された『アイヌの農耕文化』である。その中で林は、アイヌ民族の「原始農業」について次のように論じている。

アイヌが漁猟民族で農業を知らなかったというのは間違いであり、北海道はむしろ農業研究にとって重要な地域である。アイヌは古い時期から「一種の原始農業」を営んでおり、それは一千年以上前に本州から伝来したものにほかならない。しかし、漁猟のかたわら細々と行なわれたため、その後「一向に発達を示さなかった」。「本邦上代の農業技術、おそらく奈良時代以前の畑作技術が、そのまま停滞的な漁猟民族であるアイヌによって、凍結状態で保持されてきた」のであ

る（林一九六九、はしがき）。[注5]

学外においては、一九六二年以降北海道史編集所編集員として『新北海道史』全九巻の編集に携わり、第六巻の執筆にあたったほか、数多くの公職を歴任した。また高倉新一郎らとともに一九六八年に刊行された『北海道警察史』の編集顧問も務めている。林が北海道警察本部長と近い関係にあったことが、今回の機動隊導入と関係しているのではないかと、結城庄司は推測している（結城一九八〇、二一五 - 二一五）。

林は事件後も経済学部にとどまり、一九八五年三月に北海道大学を定年退官する。退官後は北海道大学名誉教授の肩書を得るとともに、名古屋商科大学教授に就任し、一九九四年三月まで同大学で「経済史概論」などを講じた。一九九六年一一月には勲二等瑞宝章を受章している。

植民学講座

林の経歴には、事件とのかかわりで注目すべき点がいくつか含まれている。

そのひとつは、林が北海道開拓史とアイヌ農業の研究者だった点である。農業や経済という領域に限定されていたとはいえ、かれは北海道の歴史やアイヌ民族についての専門家だった。したがって、教室内での林の発言が異民族にたいする無知や無関心から生じたとは考えにくい。むしろアイヌ民族に対する専門家として、一定の理解にもとづいての発言だったはずである。問題は、その「理解」がどのようなものであり、背後にある学問的研究とどのようにかかわっていたか、ということになる。

二番目は、アイヌ研究の手ほどきを、高倉新一郎から受けた点である。戦前から戦後にかけて国立大学は小講座制を採用していた。学部はいくつかの学科から構成され、学科はさらにいくつかの講座が集まって成り立っていた。講座は原則として、教授一名のもとに助教授一名、助手一～三名によって構成され、さらに大学院生が専門分野に応じて配属された。各講座内では人事や研究などについて教授が強い権限を持ち、助教授以下はその指示のもとで教育や研究に従事するのが一般的だった。林は高倉のもとで助教授を務めていた。

高倉新一郎は『アイヌ政策史』の著者として、当時の北海道大学のアイヌ民族研究の中心的人物とみなされている。もともと弥生時代の稲作に関心を持っていた林に、高倉はアイヌの畑作の研究を手がけるよう助言した。林善茂は高倉新一郎によってアイヌ民族に引き合わされたのである。林自身、自分の研究が高倉の存在なしにあり得なかったことをしばしば語っている（林一九九二、谷本二〇一四など）。

第三に、林と高倉の属していた講座の性格である。事件当時、林は経済学部の教授だったが、かれの学問的出自は農学部である。しかも、林が助教授として採用された農業経済学第三講座は、一九四六年まで「植民学講座」という名称だった。高倉や林の研究は植民学と呼ばれる学問領域に属していたのである。

「植民学」が植民地支配にかかわる研究であれば、かれらの学問そのものが民族問題と深いつながりをもつ可能性が推測される。林の差別的発言に植民学はなにか本質的なかかわりをもつのではないか。ところが、この学問は戦後になって大学から消えてしまった。はたして植民学とはどのような学問だったのだろうか。

高倉新一郎

これらの疑問を明らかにしていくためには、林善茂だけでなく高倉新一郎についても検討する必要があるだろう。

林をアイヌ民族研究へ導いたのは高倉であり、高倉が戦前から北大のアイヌ民族研究の中心的人物の一人だったことはすでに述べた。それだけでなく、結城庄司の批判が、林善茂だけでなくすでに高倉新一郎にまで及んでいた点にも触れておかなければならない。あとで再び検討するが、事件後に刊行された著書の中で、結城は「人種差別のアイヌ研究」と題した一章を設け、高倉新一郎のアイヌ観と林善茂による差別講義を一体のものとして批判しているのである（結城一九八〇、一九一‐二四二）。

では、高倉新一郎とはどのような人物だろうか。かれは一九〇二年に北海道帯広市で生まれ、一九二〇年に北海道帝国大学に入学し、一九二六年に農学部農業経済学科を卒業した。卒業後は副手や助手などを務めた後、一九三六年に植民学講座の助教授に就任している。一九四五年に『アイヌ政策史』で農学博士となり、戦後一九四六年に教授となった。一九五三年に林とともに経済学部に移籍したが、ふたたび農学部にもどり、図書館長などを務めた後、一九六六年に農学部を定年退官している。退官後は北海道大学名誉教授となり、北星学園大学教授に就任した。さらに一九六八年からは北海学園大学学長、一九八〇年からは北海道開拓記念館館長を務めている。大学外でも一九五七年から北海道大学生活協同組合の理事長を務め、札幌市民生活協同組合の設立に関わり、初代理事長を務めた。

のちに詳しく検討するが、北海道庁による北海道史の編纂に戦前からかかわったことも重要である。戦前に北海道庁が発行した『新撰北海道史』では嘱託の編集員を努めただけでなく、北海道庁文書課の司書官として書庫の史料整理にもあたっていた。一九三七年に北海道帝国大学は、植民学講座の高倉の前任者にあたる上原轍三郎を主任に、北方文化研究室を学内に設置した。高倉は当初から研究員の一人だった。『新撰北海道史』が完成した後、北海道庁が収集した史料三〇六四点が北方文化研究室に寄託されたが、その実現には高倉の存在が大きく働いたと言われている。その後、高倉は戦後の『新北海道史』で編集長をつとめ、北海道地方史の権威として大きな影響力を持ち、数多くの著書を残した。

ところで、高倉がアイヌ民族について関心を持ち始めたころ、「札幌農学校以来、北海道文化の中心をなした北海道大学の図書館の数十万の蔵書の内、アイヌに関するものは十数種だけ、それもただアイヌの旧慣を語るものに過ぎなかった」と高倉は嘆いていた（高倉一九六六、四）。この記述からもわかるように、札幌農学校から北海道大学農学部へいたる歴史の中で、アイヌ民族に関する本格的な研究は展開されてこなかった。高倉新一郎は、一九三〇年代からアイヌ民族の遺骨を大規模に発掘した医学部の児玉作左衛門とともに、北海道大学における本格的なアイヌ民族研究の創始者とみなされている。

『アイヌ政策史』

高倉のアイヌ民族研究における主著は『アイヌ政策史』である。同書の中で高倉は、「植民政策中の原住者政策の研究に一資料を提供しようとする」ことを目的とし、「北海道旧土人問題を植民政策中の原住者問題として」採り上げた。同書の刊行は一九四二年だが、すでに一九二八年に原稿の一部が執筆され、一九二六年には「一通り脱稿」していたとされる（高倉一九四二、自序）。

高倉によれば、日本の歴史は建国以来の膨張の歴史であり、広義における大和民族植民発展の歴史である。当時の日本の植民地の急速な拡大にともなって、原住者政策は植民地経営、とくに大陸経営の成否を握る重大問題だった。日本は南西部における熊襲《くまそ》・隼人《はやと》、東北部における蝦夷《えぞ》征伐に見られるように、すでに原住者政策の豊富な経験をもっている。したがって、これらの経験を整理批判することは、日本国の植民地原住者政策に役立つだけでなく、原住者政策一般に関する諸原理を発見するためにも貴重である。このような信念のもとに、高倉は北海道における原住者、すなわち「アイヌ人種」に関する政策を研究した。つまり、「原住者政策の基礎たる植民者対原住者間に生じる諸法則の発見」に寄与することを目的に『アイヌ政策史』は執筆されたというのである（高倉一九四二、一‐三）。

『アイヌ政策史』は豊富な資料を用いた実証的な記述から、現在でも研究者の間で一定の評価を維持している。

たとえば、北大農業経済学教室出身で、後に北海学園大学学長などを務めた田中修は、「〔…〕高倉新一郎氏の『アイヌ政策史』は、植民政策史の立場からではあったが、アイヌ問題にはじめて社会科学的分析のメスを入れたすぐれた研究であり、特殊史でありながらそれは戦前の北海道史研究を代表する歴史書となった」と称賛している（田中修一九八六、六）。

あるいは、教育史の視点から小川正人は、『アイヌ政策史』がアイヌ教育史研究の「〝頂点〟的位置にある」と述べ、一九九〇年代になっても、いぜんとして「高倉の研究を実証的に覆す研究成果が乏しい」ことを指摘している（小川一九九七、一五‐六）[注6]。

『北大百二十五年史』の中で竹野学は、同書を「近世・近代初頭という真正の植民地時代の北海道を対象とし、根本矛盾たるアイヌ民族問題を追究することにより、北大植民学が誇りうる学問的遺産」であると評している（竹野二〇〇七、一八七）。

高倉について批判的だった（後述）高木博志も、いっぽうで高倉を、「アイヌ民族の実態をよく知り、ヒューマンな情熱を注ぎ、最新の人文・社会科学に裏づけられた」研究を行なった人物と記述している（高木一九九三、二七三）[注7]。

高倉新一郎への批判

そのいっぽうで、高倉のアイヌ民族研究に対しては、すでに多くの批判も行なわれてきた。批判の多くはその矛先を、高倉による同化政策の肯定に向けている。高倉はアイヌ民族が和人に同化し、民族として滅びると考えている、というのである。

一九七二年に札幌で開催された日本人類学会と日本民族学会の連合大会で、結城庄司とともに大会参加者に質問状を配った新谷行《しんやぎょう》は、高倉が「歴史の発展法則」を用いてアイヌ民族を「野蛮」な劣った民族と決めつけ、滅ぶべき民族、あるいはすでに滅びた民族とみなしていると批判した（新谷一九七二、五九）。高倉はこの大会の委員の一人でもあった。

研究者からの批判を見てみれば、先ほど言及した高木博志は、東大の植民政策講座教授だった矢内原忠雄と高倉を比較し、矢内原が民族の自主主義を求めたのに対し、高倉があくまで同化主義の枠内で議論を展開したと指摘した。その結果、「高倉新一郎における、アイヌ民族の同化を正当化し植民学の体系に位置づける学問的方法は、〔…〕アイヌ民族は同化が完了したとの政府の政策を学問的に補強するもの」となった。その上で高木は、アイヌ民族を学問的記録としてのみ保存しようとする高倉の姿勢を批判した（高木一九九三、二七二－三）。

また高倉の実証性を高く評価した小川正人も、高倉による明治政府のアイヌ民族政策への批判を取り上げ、アイヌ民族の困窮が政策の不徹底でなく同化政策そのものに由来すると論じ、高倉の「同化史観」「アイヌ滅亡史観」を実証的に覆す必要性を説いている（小川一九九七、一六）。

結城庄司の批判

なかでも、高倉新一郎をもっともはげしく批判してきたのは、結城庄司である。

結城による高倉批判はさまざまな角度から行なわれたが、その中から重要と思われる論点を抜き出せば、次のように整理できるだろう。

一つは、ほかの批判者たちと同様に同化政策に関するものである。結城は、高倉の研究が「支配者側の論理」にもとづき、「アイヌの衰亡史」を論じるものだと批判した。「つまり〔高倉は〕過去の民族としてアイヌを葬り去るべく研究と行動をしてきた」のであり、「アイヌ民族の存在やその歴史すら否定しようとする」「同化融和路線」に立っている。その結果、アイヌ民族は「民族として存在しているのではなく、大和民族に同化吸収された。日本民族として融和してしまった」と考えられることとなった（結城一九八〇、二〇三 - 四）。

二つめは、高倉がアイヌを見下し、優越感に満ちた態度でアイヌ研究にたずさわってきた、という批判である。高倉はアイヌ民族に同情する素振りを見せながら、しかしそのいっぽうで「アイヌが一読して恥かしい思いがする」差別的な描写を行なっている。その根底において、高倉はアイヌ民族に対する冒瀆的な意識の持ち主にほかならない（結城一九八〇、五五、一九六など）。

民族の滅亡視と侮蔑的発言。この二つは林の講義が批判された点と基本的に同じである。林善茂に対するのと同じ批判が、すでに高倉新一郎に対してなされていた。林善茂への結城庄司の批判は、高倉新一郎への批判の反復ともいえる。結城自身も、林の差別発言が高倉の研究の延長線上にあることを指摘している。

「林教授のアイヌ民族差別の講義が受講生によって暴露された。それによって、高倉新一郎等が進めてきた『同化、融和論』の政策路線は、これからの方向としてその理論は破産するであろうことが予言できる」。

「同化融和の政治路線の先頭になって常に旗をふってきたのが高倉であり、その弟子が林善茂教授であったのである」(ともに、結城一九八〇、二六三)。

三つめとして、結城庄司は林と高倉にとどまらず研究者全般に共通する問題を提起している。それは、研究者たちがアイヌ問題をタブー視し隠蔽してきたという問題である。研究者の属す大和民族がアイヌに対して何をなし、どのようにしてアイヌを貧困に追いこんだかを知りながら、学者たちは知らないふりをし、ひたすら研究を続けてきた、というのである(結城一九八〇、一九二‐一三)。

以下においては、これらの批判を念頭に置きながら、その矛先にあった「学問」の姿を検討していく。高倉や林の「学問」がアイヌ民族に対してどのような態度をとってきたか、その態度は結城の批判に耐えうるものなのか、それはまた林や高倉という個人の資質の問題なのか、それとも「学問」そのものに由来するものなのか。

これらの疑問を解くために、まずは林善茂と高倉新一郎が所属していた北海道大学植民学講座について、その来歴をたどってみよう。

注1　以下、事件の概要については、特にことわりのない場合、『北海道新聞』一九七七年七月六日、七月一〇日、『朝日新聞』一九七七年七月六日、『北海道大学新聞』第七六六号（一九七七年七月一五日）、第七六七号（一九七七年九月一五日）による。

注2　文献や資料への言及は、一部の新聞記事などを除き、原則として著者名と発行年（と場合によっては頁数）をもって行なった。書誌情報は巻末の「文献」に一括して記載している。また引用にさいして原文のカタカナをひらがなに、また漢字や仮名遣いを現代のものに置きかえた場合がある。

注3　アイヌ民族の沢井アクは、結城庄司を評して「彼は命がけだった。口先だけのリーダーじゃない」と語っている（飯部一九九五、一七七）。

注4　結城（一九八〇、二三六 - 三九）、結城（一九九七、二〇七 - 一〇）にも掲載されている。『北海道大学新聞』とは若干の表現の違いが見られるため、『北海道大学新聞』の表現に一部修正を加えた。

注5　こうした林の見解に関して、アイヌ農業は原始的な残存物ではなく、漁業や狩猟を中心とする社会に見合うべく独特の発達を遂げたものと見なすべきだという批判が近年なされている。たとえば、

モーリス＝鈴木（二〇〇〇、五六以下）参照。

注6　その後、高倉の史料の扱いに関する実証的観点からの批判も現れている。たとえば、山田伸一（二〇一一、一一-一三）。

注7　榎森進（一九八二、三九七-八）は『アイヌ政策史』について、社会科学的立場から政策史として体系的にまとめたはじめてのアイヌ研究である点、および「アイヌ政策史を考察する前提として、アイヌ問題を単なる人種としてあつかうのではなしに、アイヌの社会形態を通じて、アイヌ社会なるものがいかなる史的発展段階にあったのかを〔…〕鋭い問題意識で分析している」点から、「戦前における北海道のアイヌ問題をテーマとする史的研究の最もすぐれたものであったといえよう」と評している。しかし、アイヌ問題を民族問題でなく社会福祉問題であるとする高倉の見解（第三章にて詳述）については、「高倉氏個人の見解であって、歴史学研究者の共通した見解ではない」と批判的にコメントしている（榎森二〇一五、四三）。
　さらに、高倉新一郎についてはHowell2008も参照。

第二章　植民学講座

一　札幌農学校と植民学

開拓使仮学校

明治政府は明治維新の翌年の明治二年七月（一八六九年八月）、北方の開拓を目的に開拓使を設置した。ロシアの南下に対処するという軍事的状況が、新政府を北海道開拓に駆り立てたとされている。開拓使の初代長官は鍋島直正《なべしまなおまさ》。同年八月、それまで「蝦夷地」とよばれていたアイヌモシリは、明治政府によって「北海道」と命名された。

明治二年（一八七〇年）、開拓次官となった黒田清隆は、北海道を実地検分した後、北海道開拓のために外国技術を積極的に導入する方針をたてた。そのために、アメリカ合衆国の農務局長だったホーレス・ケプロンを開拓顧問として招き、北海道開発全般の指導にあたらせた。また留学生の海外派遣を積極的に行ない、三三名の若者が開拓使によって海外に送り出された。そのうち二四名がアメリカに渡り、そこには後に津田塾大学の創設者となる津田うめ（梅子）ら五名の女子学生も含まれていた。

さらに、もう一つの方策として、開拓のための学校を設立し、人材の養成を図った。

明治五年四月（一八七二年五月）、東京芝増上寺本坊に開拓使仮学校が開学する。「開拓使仮学校規則」によれば、「此学校ノ儀ハ北海道開拓之為メニ設クル」のであり、「故ニ此学校ニ入《はい》ラン《ら》コトヲ願フ者」は卒業後、「北地開拓」に従事するつもりでなければならないと記されている。一九八二年に刊行された『北大百年史』も、「仮学校は北海道開拓に従事する者を養成するために設置したものであることがここに明確に述べられている」と説明している（北海道大学一九八二a、一一）。

開拓使仮学校は一八七三年（明治六年）三月にいったん閉校し、生徒全員が退学する。同年四月に入学年齢を引き下げ、基礎的教育を中心にして再開され、三六名が入学した。一時的閉校の理由は生徒の学力不足のためとも、開拓使の財政的問題によるとも言われている。生徒は入れ替わっても、開拓に必要な人材を育成するという目的は変わらなかった。「学校設立そのものが開拓使の開拓政策」の一部だったのである（小枝二〇一〇、二五七[注1]）。

開拓使のアイヌ教育

開拓使の新しい学校は、当初アイヌ民族とも直接的な関係を持っていた。

明治政府は明治四年四月（一八七一年五月）に戸籍法を公布し、アイヌを「平民」として日本国民に編入した。同年一〇月にアイヌ民族に対する「告諭」を布達し、アイヌ民族の古くからの風習である、死者の出た家を燃やす行為、女子への入れ墨、男子の耳輪などをことごとく禁止し、日本語と日本文字の学習を求めた。アイヌ民族の伝統的な生活を捨て、和人へ同化するようせまったのである（榎森二〇〇七、三八八 - 九二など）。

開拓次官黒田清隆は、アイヌへの教育の必要性を説いた。かれの述べるところでは、北海道のアイヌは容貌も言語も「内国人」と異なり、風俗も「陋習《ろうしゅう》」を免れない。いま開拓の大事業を進めているのだから、「醜風」を脱して「内地」とともに開化の域に進まなければならない。そのためにはアイヌおよそ一〇〇名を東京で学ばせる必要がある、というのである。

これを受けて開拓使は、北海道の石狩、札幌、小樽、余市、高島各郡から男女三五名のアイヌを集め、東京に移住させた。これらの人びとは、開拓使が農作物の試験栽培などを目的に設置した官園に居住し、農業の実習を受けた。それだけでなく、芝増上寺の仮学校内に設けられた「土人教育所」で、日本語の読み書きや算術、裁縫などを学んだ。明治五年の六月から八月にかけてのことである。その後さらに三名のアイヌが東京に連れ出され、最終的に三八名が東京で学ぶことになった。学校が明治政府の同化政策を担っていた（東京アイヌ史研究会二〇〇八、四二 - 三、四九 - 五〇など）。

しかし、その成果についてみれば、一八七四年（明治七年）四月頃までに病気のため二名が北海道に帰り、三名が死亡し、一名が逃亡し捕えられて北海道へ送りかえされた。同年七月には二〇名が北海道への帰郷を、五名が一時帰省を申し出た。一時帰省の五名もいったん北海道に帰ると東京にもどってこなかった。残った生徒たちも、学校がその後札幌に移転すると、その年のうちに一人もいなくなったという。

当時の大判官松本十郎は黒田清隆にあてて、「土人教化ノ儀ハ今日急務ト雖《いえ》トモ風ヲ換ヘ俗ヲ移スニ至テハ甚《はなは》易《だ》キニアラス」と報告した。また『北大百年史』も、この時の事情を、「このような開拓使の施術は、風俗・習慣などを異にするアイヌの同化をねらったものであったが、それはアイヌの要望でもなく、〔…〕それまでの彼らの生活状態を無視した、たぶんに押し付け的なものであったから、結果は失敗に終わらざるを得なかった」と結論している（北海道大学一九八二a、二二-二三）

札幌農学校開学

一八七五年（明治八年）に開拓使仮学校は札幌に移転し、「札幌学校」と改名する。翌一八七六年（明治九年）八月一四日に農学科が設置され、新しい専門課程の開学式が行なわれた。黒田清隆は式辞の中で、北海道開拓における農業の重要性と欧米の科学的農業の摂取の必要性を説き、新しい学校への期待の大きさを表明した。同年九月九日、札幌学校は校名を「札幌農学校」と改める（北海道大学一九八二a、三四）。

校名が変更されても、その目的は不変だった。「札幌農学校諸規則」の第一章には、「開拓ニ従事スベキ青年輩ヲ学識幷《ならびに》現術ノ為ニ教育スル学校ニシテ生徒卒業ノ後五年間開拓使ニ奉職スベキ事」と記され、「生徒修業ノ期ヲ四年トシ満期成業ノ生徒ハ大学及第ノ免状ヲ受クルコト」とされていた（北海道大学一九八二c、二三一）。卒業後五年間開拓使に勤務しなくてはならないこと、卒業生に大学卒業と同じ資格が与えられることが述べられている。生徒は原則として官費生で、四学年合わせて五〇人、生活・学業に必要ないっさいが給費されたが、たんに五年間開拓使に勤務するだけでなく、北海道へ戸籍を移すことが義務づけられていた（北海道大学一九八二a、三六）。

初代校長には調所広丈《ずしょひろたけ》が就任し、教頭（英語では「president」）として米国マサチューセッツ農科大学学長ウィリアム・スミス・クラークが招かれた。クラーク就任後につくられたカリキュラムは、マサチューセッツ農科大学を模範とし、農業に関わる実学的科目だけでなく、人体解剖学や生理学から雄弁術や英文学の歴史、さらに即興討論、精神科学、独創演説などの科目がとり入れられた。「いわばクラークは札幌農学校に農科大学と同様の自由教育の導入を図った」のである（小枝二〇一〇、二六四）。

同時にクラークは、キリスト教の教えを教育にとり入れ、学生たちに「Be Gentleman」と説いて、学生生活上の細かな規則を撤廃した。同じころ東京に開学した駒場農学校や工部大学校など官立専門学校とは異なり、「クラークが札幌農学校にもたらしたものは、自由教育と専門教育をキリスト教的世界観の中で実施する農科大学の教育」だった（小枝二〇一〇、三二〇）。

第一期生は全員がキリスト教に入信した。また直接クラークの教えを受けなかった二期生からも、新渡戸稲造、内村鑑三、宮部金吾などのキリスト教信徒が生まれた。周知のように、札幌農学校の学生を中心とするキリスト者たちは「札幌バンド」と呼ばれ、横浜バンド、熊本バンドとともに、明治初期の日本におけるキリスト教信仰の拠点の一つとなった。

学校の危機と植民学

一八八二年（明治一五年）に当初の開拓使十年計画が終了すると、札幌農学校をとりまく状況は一変する。開拓使は廃止され、北海道は函館、札幌、根室の三県に分割されるとともに、農商務省北海道管理局が設置された。いわゆる三県一局時代の到来である。これにともない札幌農学校は農商務省の所管となる。その後、伊藤博文の命を受けて北海道を視察した内閣大書記官金子堅太郎の提案にもとづき、一八八六年に三県一局が廃止され、北海道庁が設置される。

金子はその『北海道三縣巡視復命書』の中で札幌農学校不要論を唱えた。かれの論ずるところでは、米国の植民地で原野を耕地に変えているのは普通の英・米国人であり、農学校卒業生ではない。ところが、札幌農学校は米国第一の「アマスト農学校」の教師を招き、その規模をまねて建設したものであり、組織も教育課程もことごとく高尚すぎて開拓の実際に暗い。アマースト農学校はまったくの学理を教えるものであって、これと同種の学校を北海道に設けても、拓地殖民の実際には役立たない、というのである（『新撰北海道史』第六巻、五九七）。

実際、このころ農学校への入学希望者が減少し、卒業生の道外流出も増大して、北海道開拓へのかかわりが薄らぎかけていた。農学校は存続の危機におちいったのである。

このとき札幌農学校の存続のために奔走したのは、札幌農学校一期生の佐藤昌介だった。

佐藤は卒業後、米国ジョンス・ホプキンス大学に留学し、博士号を得て帰国すると、当時の北海道庁長官岩村通俊に札幌農学校存続の重要性を力説した。札幌農学校の目的は「学術の進捗を謀り以て人材を養成し拓土殖民の事業を翼賛せしむる」こと、つまり北海道庁の官吏を養成し開拓事業を推進することであり、北海道開拓に不可欠である。また農学校の教育課程は高尚すぎるのではなく、大学なみに「多端《たたん》」なだけであって、これを簡略化し開拓に必要な科目を中心に据えれば何ら問題はない、と。

一八八七年に定められた新しい「札幌農学校校則」には佐藤の構想がほぼそのまま反映され、北海道開拓に直接役だつ実践的科目に絞られた新しいカリキュラムがつくられた。この改正によって、「札幌農学校の教育課程は、クラークの自由教育重視から、いよいよ開拓推進に特化することになる」（小枝二〇一〇、三二）。注2

注目すべきなのは、新設された科目群の中に、「農業経済」「地方制度」「山林学」などと並んで「農政学及殖民策」が含まれている点である。これは「殖民」の名を冠する日本で最初の科目だった。植民学は北海道開拓という札幌農学校創立の目的を徹底するために導入された学問なのである。

ただし、この講座は当初、名目だけで実際には開講されなかったとされる。植民学に関する授業が実際に行なわれたのは、一八九〇年（明治二三年）の「殖民史」からだった。これが日本で最初の植民学に関する授業である（田中愼一 一九八二）。

佐藤昌介と新渡戸稲造

一八九〇年の「殖民史」講義は、佐藤昌介自身が担当した。その後一八九五年度まで、札幌農学校二期生の新渡戸稲造が、この科目を佐藤とほぼ交互に担当する。

佐藤昌介は一八五六年盛岡藩の藩士の子として生まれた。明治維新後、藩校の作人館で学んだのち、東京の大学南校（後の東京大学）、東京英語学校を経て、一八七六年札幌農学校に第一期生として入学した。卒業後は、先に触れたようにジョンス・ホプキンス大学で博士号を取り、帰国後、札幌農学校出身者としてはじめて母校の教授となった（一八八六年）。さらに一八九一年には、第四代校長橋口文蔵が「製糖会社の不始末」によって「非職」（休職）となると、[注3]そのあとをうけて校長心得に就任し、一八九四年に学校長となった。その後、東北帝国大学農科大学学長、北海道帝国大学総長を務め、一九三〇年に退任するまで四〇年以上にわたって札幌の学府の最高責任者の地位にあった。札幌農学校の危機を切り抜け、帝国大学への昇格に貢献し、初代総長をつとめた佐藤は、「北大の父」とも称される人物である（中島一九五五、一九五六a、一九五六bなど）。

新渡戸稲造も一八六二年に佐藤と同じ盛岡藩士の子として生まれ、佐藤と同じ東京英語学校に学んだ後、二期生として札幌農学校に入学した。卒業後、東京大学やジョンス・ホプキンス大学で学び、帰国後母校の教授となった。その後は病気休職を経て、一九〇一年に台湾総督府に勤務し、臨時台湾糖務局長として児玉源太郎総督に「糖業改良意見書」を提出し、日本の植民地だった台湾の糖業政策に大きな影響を及ぼした。一九〇三年からは京都帝国大学で、さらに一九〇六年から東京帝国大学で植民政策学を講じた後、一九二〇年に国際連盟が設立されると、東京帝国大学を辞し事務次長に就任した。その後をうけて東京帝国大学の植民政策学を継いだ矢内原忠雄は、一九三七年に当時の国体を批判したとして辞職を余儀なくされるが、戦後大学に復帰し、東京大学総長を務めることとなる。

札幌農学校草創期に植民学を講じた二人の教授のうち、佐藤昌介は札幌農学校とその後の帝国大学の基礎を築き、新渡戸稲造は東京帝国大学を中心とする日本の植民政策学の流れを生み出した。その後、札幌農学校の「殖民史」は一八九六年に「殖民論」と改められ、一九〇四年度までは佐藤昌介が、一九〇五年度と一九〇六年度は高岡熊雄が担当した（田中愼一 一九八二）。

二 植民論の展開

講義ノート

では、札幌農学校の植民学講義とは、いったいどのような内容だったのだろうか。開講初年である一八九〇年の講義ノートの存在は知られていないが、翌一八九一年の佐藤昌介の自筆ノートと、一九〇〇年（明治三三年）頃に受講生の一人だった半澤洵が筆記したノートが現存し、ともに井上勝生によって全文が翻刻されている（井上二〇〇五a、二〇〇五b、二〇〇六b、二〇〇七b、一九九八）。これをもとに、その内容を見てみよう。

「殖民地は人口と富実に於て急に成長するものなり」というアダム・スミスの言葉から始まる一八九一年の講義ノートは、沃土、資本、労力の「三原素」を備えるものとして植民地を規定し、英国植民地を中心におもに経済的側面からその状況を論じている。具体的には、植民地の経済的成長、貿易などにより本国に及ぼす影響、植民地における労力確保の手段、土地払い下げの方法、「土蕃《どばん》」すなわち原住者に対する「攻略」の仕方などが説明されている。末尾には「殖民総論」と題した一節が設けられ、植民に関する要点が箇条書きされるなど、植民地や植民政策がどのようなものかという概説的講義といえる。ただし全体が体系的に説明されるというより、個別的な話題が雑然と並べられたという印象も強い。

一九〇〇年のノートは、「総論」「殖民の種類」「殖民地に於る経済上の特質」「殖民地政府の組織」の四章から形成されている。「総論」冒頭の「殖民事業の解釈」で、「殖民学」が「殖民事業を科学的に組織的に研究するの企て」と規定され、さらに「殖民地」について「Lewis氏の定義」が英語で引用されるほか、第二章「殖民の種類」でロッシャー（Wilhelm Georg Friedrich Roscher）による植民地の分類（「征服殖民地」、「商業殖民地」、「農業殖民地」、「出稼殖民地」）が紹介されている。

ルイスの定義によれば、植民とは一群の人々が一つの国ないし政治的共同体を捨て、新しい別の社会を形成することであり、その社会は本国に対して従属的な場合もあれば独立している場合もある。また、移住先の地域は、もともとまったくないしほとんど無人であるか、あるいは移住者が原住者を追い出すか、のいずれかである。佐藤は、「殖民事実は文明の事実の拡張なり。経済的事業なり。又社界及び国家を建築するの事実なり。又人道（Humanity）の為めに或ひは圧力を除きて自由にし又未開を導て人道の域に進ましむるものなり」と、総論の末尾部分で説明している（井上一九九八、二四）。

このように、一九〇〇年の講義ノートは、一八九一年のものより理論的で体系的な性格を強め、植民地や植民事業に関する説明も明確になる。とはいえ、学生の筆記録であるため、この構成や配分が本来の講義の構成と配分を正確に反映しているかは判然としない。また、いぜんとして一般的・概説的説明という性格は変わらず、その内容が北海道の開拓と具体的にどうかかわるかも明らかでない。

内国植民論

植民学と北海道開拓とのかかわりを見るためには、佐藤の見解を講義以外に追ってみる必要がある。

佐藤昌介は最初の植民学講義を行なう前年の一八八九年（明治二二年）、『殖民雑誌』の創刊号に「殖民論」と題した論文を発表している。その中で、日本における「殖民」についておよそ以下のように論じている（佐藤一八八九）。

欧米の研究者によれば、植民とは一つの国に住み一つの政治社会に属す個人の一部が国や社会を捨てほとんど人の住まない地方に行くか、あるいはその地方に住んでいた人民を「放逐」することで、新しい社会を建設することと考えられている。しかし、これは「外国殖民」の定義であり、植民にはこれとは別に「内国殖民」が存在する。一国内の植民である内国植民はすでに古代ローマ時代から行なわれてきた。東北や北海道のように人口の少ない地域に日本各地の人々が移住することは内国植民にほかならない。

このような内国植民の理念にもとづいて、当時、佐藤は北海道への植民の必要性を強く唱えていた。一八八八年の『農学会会報』に掲載した「大農論」では次のように論じている（佐藤一八八八）。

日本は古来、農業によって国をまかなってきたが、いまや文明がすすみ人口が増え食物の供給拡大が必要とされている。ところが、日本の農業はすでに集約の極に達し、学理を用いてあらゆる改良を試みたとしても、もはやその要求をまかないきれない。この困難の理由は日本の農家の耕作地が狭すぎることにある。そのため農家の生計が困難なだけでなく、大農を基本とする欧米の学術の応用がむずかしい。しかも世襲相続によって農地はますます細分化され、小農化が深刻化している。

では、どのようにしてこの問題を解決するか。それは、「東北地方及び北海道に於て疎放の農業を行ひ漸次内地農業の規模を拡張するの策」を講じることにほかならない。とくに北海道ならば米国の大農に匹敵する土地の確保も不可能ではない。「蓋《けだ》し本邦の農業は北海道の大農を以て本邦大農の極点となし北海道の中小農を以て内地府県の大中農となすが如き」となれば、「本邦の農運は実に理想の境域に達せる」というのである（佐藤一八八八、二三、二五）。

佐藤昌介が唱えた植民とは、日本の農地不足を解消し農業の改善を図るために各地の過剰な農民を北海道へ移植するという、内国植民だった。それによって、農家の経営規模を拡大し、欧米の最新技術を導入し、経営の安定を図ろうとする「大農主義」だった。したがって、それは同時に農業移民論であり、農業政策論でもあった。

そして、佐藤昌介を含む札幌農学校関係者は、内国植民の実現を積極的に唱えていた。明治二二年（一八八九年）、札幌農学校の卒業生たちは札幌に殖民雑誌社をおこし、雑誌『殖民雑誌』を刊行した。佐藤昌介自身の寄稿も含めて、この雑誌には北海道への移住植民の重要性を説く文章がたびたび掲載された。

たとえば、同年五月二五日に刊行された第一号の巻頭には「殖民雑誌発行之趣旨」と題する社説が掲載され、「夫《そ》れ北海道は地広く人少なし乃《すなわ》ち国利を興し民福を図らんと欲せは殖民を以て其最大急務と為さゞるへからす」と論じられている。八月二五日発刊の第三号に掲載された「日本農業の改良と北海道殖民との関係」でも、日本の「農業を改良するの道は外国殖民に在らずして内国殖民即ち北海道殖民にありとす」と主張された。[注4]

帝国大学への昇格

一八八六年の改革後も、帝国議会による予算削減措置のため札幌農学校は財政的危機におちいり、廃校の危機にたたされる。これに面して佐藤昌介は一八九五年に文部省の直轄学校として活路を開くと、さらに一八九七年、北海道「拓殖の機運」の高まりを理由に農学校拡張を求める意見書を文部大臣に提出した。北海道庁も一九〇一年に「北海道十年計画」に着手し、このころ北海道の開拓をめぐる機運がふたたび高まっていた。これに呼応して札幌農学校も新たな展開をむかえることになる（北海道大学一九八二a、一二八‐九）。

一九〇六年（明治三九年）一一月二一日、当時の地方議会に相当する北海道会は、「北海道帝国大学速成ニ関スル件」を満場一致で可決し、内務大臣に送付した。東京、京都につぐ日本で三番目の帝国大学の開設は財政上の問題から難航していたが、古河財閥が一〇〇万円余りの寄付を申し入れることで解決することになる。

当時の内務大臣であり古河鉱業株式会社顧問であった原敬と佐藤昌介が盛岡藩の同郷であったことが大きく働いたとされているが、古河財閥が寄付を申し入れた背景には、当時大きな社会問題となっていた足尾鉱毒事件への批判をかわすという目的もあった（北海道大学一九八二a、一七一‐七）。

古河の申し入れは一九〇六年一二月四日の閣議で了承された。翌一九〇七年六月の勅令で仙台に東北帝国大学を置き、札幌農学校を東北帝国大学農科大学とすることが公布された。農科大学本科は、農学科、畜産学科、農芸化学科、林学科の四学科（ただし、畜産学科と林学科は一九一〇年九月開設）から構成され、講座制が採用された。当初は、農学第一、農学第二、農芸化学第一、農芸化学第二、農芸物理学、植物学、動物学昆虫学養蚕学第一、養蚕学第二、養蚕学第三、園芸学、畜産学、農政学殖民学の一二講座でスタートし、一九一八年（大正七年）までに二七講座となった。また本科の外に、大学予科、農業実科、土木工学科、林学科、水産学科が付設された。

先に述べたように、農科大学の学長は佐藤昌介が務めた。一九〇七年九月の開学式で佐藤は、「国威が八紘に及び」、北樺太、南台湾、さらに韓国や満州まで「帝国の経綸」が及んだと当時の情勢を説明し、「膨張的帝国の鴻図《こうと》を翼賛せしめん」ため「本学の任務重且大なり」と述べた。また文部大臣牧野伸顕《のぶあき》も樺太の経営の中心は北海道人士であり、同島の利源開発その他に必要な調査研究は農科大学の任務であると語った。「つまり、農科大学はその発足当初から、北海道の拓殖のみならず植民地や満州・蒙古の諸調査・経営に寄与することも期待されていたのである」（北海道大学一九八二、一九九九）。

東北帝国大学農科大学には、植民学を講ずる日本で最初の講座として、当初から「農政学植民学講座」が設置されていた。教授は高岡熊雄が務めた。いっぽう佐藤昌介が担当したのは「農学第二講座」である。一九一五年に新たに「経済学財政学講座」（担当は森本厚吉）が増設され、この三つの講座によって「農業経済学科」が構成された。

高岡熊雄

一九八二年に刊行された『北大百年史』で田中愼一は、「北大植民学は一八九〇年代、佐藤〔昌介〕によって礎石が築かれ」た、と述べている（田中愼一一九八二、六〇二）。佐藤の内国植民論はその後、高岡熊雄によって継承・拡大され、北大植民学講座の研究の中心に位置を占めることとなる。田中愼一はさらに続けて、「佐藤が植民の一種に内国植民を設定したことは、高岡熊雄による補強・全面展開とあいまって、北大植民学の展開に規定的作用」を及ぼしたと説明している。

高岡熊雄は、佐藤昌介の後をついで植民学講義を担当し、札幌農学校の帝国大学への昇格によって日本で最初の植民学講座教授となった。

高岡は佐藤と異なり、大農はしばしば過大農となり、大地主や不在地主を生み出す弊害があるとして、大農主義に反対した。高岡の考えでは、「一国社会の安寧を保持し農業の進歩発達を促し一国の骨髄となり柱石となるもの」は中農であり、大中小農の「均衡程度宜しき」ことが重要なのである（高岡一八九九、七六‐七、一三一‐三など）。こうした主張の背後には、当時の北海道における不在地主による経営の弊害があった。

高岡の農政論と植民論を論じた横井敏郎によれば、大中小農の均衡的配分を実現する政策が高岡の植民論の核心だった。日本の農家の土地は狭小に過ぎ、労力の集約が十分に出来ない状態にある。これを改善するには、開墾などによる農耕地の増加、二毛作などによる農耕地の利用増進、農民の移動（土地の再分配）が考えられるが、特に農民の移動が重要である。「高岡の植民政策論は〔…〕農民移動による土地再分配論の一環として把握できる」（横井一九九四、八）。

こうした政策を実現するために、高岡はプロシアに学び、当時の歴史学派の社会政策を学んだ。そのひとつはプロシア政府が内国植民政策として実行していた「地代農地制度」である。地代農地とは、小作農民が一定の地代を納付することで、土地の所有権を獲得する制度であり、大資本による大土地所有の弊害を防ぎ、中小農民に広く土地を分配することをねらいとしていた。

プロシアから帰国後、高岡は北海道庁から産業調査の委嘱をうけ、膨大な調査結果を『産業調査報告書』全一九巻にまとめて一九一四年から刊行したが、その中でこの地代農地制度を北海道で実施することを提案した。だが、当時の北海道で大きな力を持っていた大地主たちの抵抗にあって、この提案は葬られてしまったという（崎浦一九八二、七〇二‐三）。

いずれにせよ、北大植民学の系譜の中核に高岡熊雄が位置するという理解は、その後の多くの研究者たちに共有されることになる。たとえば竹野学は、二〇〇七年に刊行された『北大百二十五年史』の論文で、「〔…〕国内からの移植民のプッシュ要因の想定である高岡理論にもとづいたうえで、彼らをどのように移住地に定着せしめていくかという、植民術としての農業移民論を展開していくのが北大植民学の中心的研究内容であるといえる」と述べ、「高岡の過剰人口論を受けた植民術の議論が北大植民学の中心的研究であった〔…〕」と説明している（竹野二〇〇七、一七三、一八三）。

北海道帝国大学から北海道大学へ

一九一八年、東北帝国大学農科大学は北海道帝国大学として独立し、翌一九一九年に北海道帝国大学に農学部と医学部が置かれることとなった。初代総長は佐藤昌介である。さらに一九二四年には工学部が設置される。開拓使仮学校、札幌農学校、そして東北帝国大学農科大学という系譜を引き継ぐ農学部を基盤に、北海道帝国大学は誕生し、さらに総合大学へと拡大していくのである。植民学はその中核的部分に位置する学問の一つだった。

工学部設置と同じ一九二四年、農学部農業経済学科の農政学植民学講座は「農政学講座」と「植民学講座」に分割された。さらに「農林法律学講座」が増設されて、既存の二講座とともに農業経済学科に五講座体制が敷かれることになる。農政学講座は高岡熊雄がそのまま担当し、植民学講座は上原轍三郎に引き継がれた。

一九三〇年（昭和五年）に佐藤昌介が総長を退任し、その後を南鷹次郎が継いだが、南が病気を理由に退任すると、一九三三年に高岡熊雄が第三代総長に就任した。植民学関係者がまたしても大学の最高責任者となったのである。これに伴い、高岡は総長職に専任し、農政学講座は中島九郎にひきつがれる。高岡は一九三七年まで総長をつとめた。農学部の農政学講座と植民学講座の教官たちはつねに大学運営の中枢を担っていた。

しかし、その後、日本が第二次世界大戦に敗北すると事情は一変する。海外の植民地の消滅とともに、大学から「植民」の文字は消された。一九四六年、農政学講座と植民学講座はそれぞれ「農業経済学第一講座」と「農業経済学第三講座」に名称が変更された。そして、同じ一九四六年に定年を迎えた上原轍三郎の後任として、高倉新一郎が農業経済学第三講座教授に就任する。助教授は林善茂だった。

名称が変わったとはいえ、高倉新一郎も林善茂も、北海道大学の根幹ともいえる植民学講座を引き継いだ研究者たちといえる。佐藤昌介以来の北大植民学の系譜を、たとえば田中修は次のように評している。

「〔…〕系譜的に佐藤昌介・新渡戸稲造―高岡熊雄―上原轍三郎―高倉新一郎とたどることのできる札幌農学校―東北帝国大学農科大学―北海道帝国大学農学部農業経済学科の殖民学講座は、植民政策研究を通じて二〇世紀前半における北海道の拓殖政策の立案と歴史研究の方法に甚大な影響を及ぼしたのである」（田中修一九八六、三）[注5]。

また、『北大百年史』に掲載された崎浦誠治の論文は、農学部農業経済学科の学問的特徴を以下のように説明している。

「高岡熊雄の強い影響力のもとに歴史学派がじかに北大農学部に伝えられて、農業経済学教室は演繹的、抽象化・遊離化の方法よりは帰納的、実証的方法に傾き、殊に後期歴史学派に類似して各自思い思いに特殊歴史研究に没入し、この方面の研究成果が積上げられていった。上原轍三郎『北海道屯田兵制度の研究』、高倉新一郎『アイヌ政策史』はこの種幾多の特殊歴史研究の中で最も著名な研究成果である」（崎浦一九八二、七〇八）。

どちらも、高倉新一郎が植民学講座の直系に属す研究者であることを物語っている。

その後、一九四七年に北海道帝国大学は北海道大学と改称し、一九四九年に新しい法律にもとづく新制大学となった。新制北海道大学には新たに人文社会学系の学部として法文学部が設置された。法文学部は一九五〇年に文学部と法経学部に、さらに法経学部は一九五三年に法学部と経済学部に分割される。すでに記したように、経済学部独立にあたって、農学部から農業経済学第三講座（つまり、植民学講座）と同第四講座が新設の経済学部に移譲された。これによって、高倉新一郎と林善茂はともに経済学部の教授と助教授になる。高倉は一九六二年に農学部に復帰し、林は翌年経済学部教授に昇格した。

そして、林は一九七六年に経済学部長に就任し、その翌年に差別講義事件が起こるのである。

北海道大学と植民学

札幌農学校は徹頭徹尾、北海道開拓のための学校だった。当初はアメリカ合衆国流の教養教育も重視されたが、北海道の開拓という本来の目的を達するために実学的志向が強まる中で、植民学の授業が開講されることとなった。さらに、帝国大学に改組されるにあたって、その教育の目的は北海道の開拓だけでなく、海外植民地政策への貢献へと拡大されていったが、それもまた北海道における開拓の経験を基礎にした展開と考えられていた。北海道大学の根幹的部分は北海道の開拓政策と一体だったと言っても過言ではない。なかでも農業経済学科、とくに農政学と植民学の二つの講座は、その中核的部分を形成していたのである。

このことは、これらの講座を担当した人物の大学内での地位にもあらわれている。すでに触れたように、佐藤昌介は札幌農学校長、東北帝国大学農科大学長、北海道帝国大学総長として長期にわたって学府の頂点に君臨した人物である。新渡戸稲造は札幌での活動期間は短かったが、その後、京都帝国大学や東京帝国大学で植民政策学を講じ、日本の植民政策学の端緒を築いた。そして、ふたりの後をついだ高岡熊雄も北海道帝国大学の総長をつとめた。植民学はつねに大学を代表する人物が担当してきた。

一九七七年の差別講義事件当時、北海道大学は一二学部からなる国内有数の総合大学となっていた。事件の舞台となった経済学部はそれらの中の一部局にすぎなかったが、高倉新一郎と林善茂は植民学講座の直系の後継者だった。じっさい経済学部で北海道経済史の講義を担当していた林は、アイヌ農業の研究者であるとともに北海道開発史の研究者でもあった。林自身、「北海道経済史」の授業が北海道開発の歴史を扱う授業であることも明言していた。差別事件の舞台となった授業は、北海道大学の存立基盤そのものに深くかかわる科目だったのである。

そのような講義内容が差別的だったとすれば、それは札幌農学校以来の北海道大学の根幹そのものが差別的だったということではないか。そして、そうした人びとの学問的ルーツが内国植民論にまでたどれるとすれば、アイヌ民族差別の学問的根源も内国植民論にあることになる。そうであれば、内国植民論の内容を詳しく検討し、そこから高倉新一郎や林善茂のアイヌ民族研究にいたる流れを見きわめることで、民族差別の源泉を明らかにできるだろう。

三　植民学とアイヌ民族研究

北大植民学の制約

ところが、こうした見通しを打ち消しそうな批判が、北大植民学に対して存在する。

その批判は、北大植民学が一つの制約のもとに置かれていた、という解釈からはじまる。この解釈によれば、研究対象を内国植民に限定したことで、北大植民学は植民政策の重要な課題である「政治的側面」を見落とした。その意味で植民学としては学問的に不完全なものであり、この不完全さが内国植民論と高倉新一郎との直接的なつながりを断つ、というのである。

一国の住民が他の地域に移住し産業を営む、あるいは、集団生活を営む社会群が新たなる地域に移住して社会的経済的活動に参加する（矢内原一九二六、三）、といった意味での植民活動にあっては、移住先がまったく人の住まない土地でないかぎり、かならず原住者と植民者との接触が生じる。国外での植民活動であれば、それは生活や習慣、歴史や文化を異にする異民族間の関係であり、多くの場合は、植民者による原住者の支配や統治という関係である。したがって、植民政策は社会的・経済的政策であると同時に政治的・民族的政策でもある。植民学が植民活動全般についての研究であれば、こうした政治的・民族的問題をその重要テーマとして含む必要がある。

ところが、内国植民を主題とした札幌農学校以来の植民学は、「殖民学」の看板は掲げていても、実質的に国内の過剰人口対策ないし農業移民論であり、未開地の開拓論にすぎなかった。そこには政治的・民族的問題へのアプローチが欠けていた。その後、北大植民学は朝鮮半島や満州の植民問題へ研究領域を拡大し、民族問題の存在を認めはしたが、関心の中心はあくまで過剰人口の移住問題にあり、議論は農業政策論を大きく超えることはなかった。そのため、植民国政府と植民地との間に生じる政治的問題も、また植民者と原住者との間に生じる民族問題も、主題として取り上げられ、深く検討されることはなかった。政治的・民族的問題への考察を欠く点で、たとえば東京帝国大学の矢内原忠雄の植民政策学とは決定的に異なるものである……およそ以上が、この解釈にもとづく批判である（竹野二〇〇七）。

先に引用した『北大百年史』の田中愼一は、高岡熊雄の内国植民論の北大植民学への「規定的作用」について、次のように批判的に捕捉している。

「本国との政治的従属関係を植民の基礎的要件としないから、結局は近代植民地問題に正面から取り組みえず、むしろ北海道農業開拓論に偏向し、帝国主義・植民地体制批判が至難となった〔…〕」（田中一八八二、六〇一）。

実際、高岡熊雄の内国植民論について論じた文章の多くは、かれの農業政策や経済政策について説明しても、民族政策や民族問題には触れていない。

同じく『北大百年史』に掲載された崎浦誠治の論文「北海道農政と北大」は、高岡がドイツで学んだ内国植民論が民族問題的側面を持つことに触れてはいるが、しかしこの論点には立ち入らず、「実ニ現時ノ内国植民ナルモノハ国家ガ経済的弱者タル中小農及ビ農業労働者ヲ扶助シテ其ノ発達ヲ計ラントスルノ社会政策ナリ」という高岡の言葉を引いて、説明を社会政策に限定している。ドイツの内国植民論には民族問題があっても、日本のそれとはまったく関係がないかの書きかたである（崎浦一九八二、七〇二）。

さらに、一九九四年に「高岡熊雄の農政・植民論」というタイトルの論文を発表した横井敏郎も、「植民論」を題名に掲げていても、先にも触れたように、そこで説明されているのは、高岡の「中農主義」をめぐる農業政策論であり、大中小農の均衡的配分を実現するための農民の移住政策である。民族問題や政治問題についての記述はまったくない。[注6]

こうした解釈は、北大植民学が政治的議論を欠いたゆえに、国家権力に対する批判精神も欠いていたという批判につながっていく。太田原高昭は、ドイツ歴史学派が実証を重んじるあまり、国家の社会改良政策の「道具」の観を呈し、「国家の侍女」とみなされていたと指摘し、これに学んだ高岡の農政学・植民学も天皇制国家の海外進出のための根拠と手段に転じていたと批判した。その結果、北大植民学は政治的批判精神を欠き、満州事変前後に高岡が総長を勤めた北海道帝国大学そのものが、大学の自治や学問の自由から著しく遠い存在となっていたというのである（太田原一九七九）。

本流と傍流

なるほど、こうした解釈は一面で北大植民学に対する重い批判を導くものである。このことの意義を否定するつもりはない。

しかし、それは同時に、ひとつの切り離しをおこなうことで、別の批判から目をそらす働きもともなっていた。

この解釈のとおり北大植民学が民族問題に無関心だったとすることで、『アイヌ政策史』に代表される高倉新一郎のアイヌ民族研究が、北大植民学の主流からはずれた、例外的な産物とみなされることになったのである。

たとえば、さきほども引用した竹野学は、高倉の研究は「過剰人口論を支柱とした移植民論、移民政策への提言という北大植民学の本流からは外れたもの」であり、「新渡戸の転出によって東大へと受け継がれた植民論の政治的側面、特に民族問題が矢内原を経由して北大に回帰してきたもの」であって、内国植民論の系譜と直接につながるものでない、と解釈している（竹野二〇〇七、一八五）。

高倉新一郎のアイヌ民族研究を北大植民学の本流から除外することは、同時に『アイヌ政策史』に与えられてきた評価と批判を北大植民学から切り離すことになるだろう。高倉がアイヌ民族の状況に注目し、政府の政策の不備を批判したことも、同時に「同化主義」を説き「民族衰亡論」を唱えたという高倉への批判も、ともに高倉個人の資質に由来する研究態度とみなされることになる。

たとえば、木名瀬高嗣（二〇〇九）は高倉の学問的背景を「狭義の農業経済学にとどまらぬ歴史」にあるとし、「〃脱領域的〃とも評し得る学問上での態度」が高倉のアイヌ観に深い影を落としたと論じている。また高倉が北大植民学の研究課題と、自分がかかわっている郷土史研究との隔たりを意識していたことを指摘し、高倉の研究を高倉という個人の特性にもとづいて説明しようとしている。

アイヌ民族研究が北大植民学にとって傍流であり、研究者の個人的志向や関心にはじまるものであれば、かれらが引き起こしたトラブルもまた研究者個人の問題であって、大学がかかわりを持つ必要も、また学問が責任を負う必要もないという見解を導きうる。民族差別に対する大学と学問の責任という問いが、ここで宙に浮くことになる。問題はふたたび振り出しにもどってしまうのだろうか。

高倉新一郎の研究動機

高倉新一郎のアイヌ民族研究は、それまでの北大植民学の系譜と、本当につながりを欠いたものなのだろうか。もうしばらく検討を続けたい。

この問題を考えるために、まず高倉自身がどのような理由でアイヌ民族研究に取り組んだかを見てみよう。高倉自身は植民学と自分の研究テーマとの関係をどのように理解していたのだろうか。高倉がアイヌ民族研究をはじめた動機の中に、この問題を探る手がかりは見つからないだろうか。

じつは高倉自身も、アイヌ民族研究の発端が個人的な動機だったことを告白している。佐藤昌介にはじまる北大の植民学者たちが、それまで一様に北海道外の出身であったのに対して、高倉は北海道に生まれ、身近にアイヌ民族を見ながら成長した。おそらく、当時のアイヌ民族が置かれた状況を、佐藤や高岡以上に直接的に感じていたにちがいない。かれはアイヌ民族研究に向かった動機を次のように説明している。

「着手の動機は、学術的なものよりは、寧ろ、アイヌの運命が、私共の育った期間に於て殆んど改善されなかった事に対する疑問と義憤にあった」（高倉一九四二a、「自序」一）。

高倉は、学生時代に目にしたアイヌの老人への差別をしばしば物語っている（高倉一九六六、二‐四、高倉ほか一九八三、一一‐一二など）。夏休みに故郷の帯広に帰ると、街路にたおれたアイヌの老女に子供たちが石を投げてからかっていた。これを目撃した高倉は、「恥ずかしさで身の中がカッと」なり、「もう何も考えている暇」もなく、「いきなり子供達をどなりつけて、女の側へよってゆり起し」、町はずれまで送った。

この出来事を語ったあとで、高倉は次のように述懐する。

「私が町を離れてから十年。町人の生産は上り、生活は見違えるほどの進歩を見た。しかし、コタンの人々だけはなぜ変らないのだろう。私は伏古にY先生を訪い、支庁にK氏を尋ねた。私には満足な答が与えられなかった。札幌へ帰って道庁の社会課を訪れ、研究家としてのY先生及びB師に教えを乞うた。しかし、ただ得たものはこの人々の持つ共通の悩みだけだった。〔…〕私は烏滸《おこ》がましくも、社会問題としてのアイヌ問題を研究する決心をしたのである」（高倉一九六六、三‐四）。

アイヌ民族の状況に対する個人的な感情や「義憤」が、アイヌ民族について研究を手がけるき

っかけだったというのである。注7
この点だけからすれば、民族問題への取り組みは高倉の個人的動機にあったと言うことも不可能ではない。

植民学としてのアイヌ研究

しかし、高倉の研究が個人的な動機に終始したわけではない。それはすぐに学問的に位置づけられた。『アイヌ政策史』があくまでも植民学研究の一環として執筆されたことは、高倉も再三にわたって強調している。
そもそも『アイヌ政策史』第一章「序論」は、「本研究の目的は植民政策論中土人政策の研究に一資料を提供しようとするにある」ということばではじめられている。これに続く部分で高倉は、社会群が新たな地域に移住し、その地で社会的経済的な活動をなすことという、植民の要件を確認したうえで、こう説明している。

「而《しか》して植民活動に当って、その天地を無人の郷土に求め得る事は殆んど稀であって、必ずそこに、人口の粗密、文化程度の差異こそあれ、先住民族たる原住者が居住するを常とし、植民者との交渉に於て所謂土人問題の発生を見、是が解決策としての原住者政策〔…〕は、植民地に於ける土地政策と並んで、植民政策の最も重大なる部門を占むるものとなってゐる」（高倉一九四二a、一）。

植民活動においてはかならず「土人問題」が生じる。だから、植民政策にあっては「原住者政策」[注8]が土地政策と並んで重大項目となる。そして、「わが国植民史上」においては、それは「先住民族たるアイヌ」に対する政策にほかならない。

「私は本研究の範囲を北海道アイヌに対する政策の研究に限定した。而も私は是を我が国植民史上の一現象として把握して行きたいと考へる。〔…〕即ち我が国民の植民的活動の結果として如何に先住民族たるアイヌと接触せねばならなかったか、その結果両者の間に如何なる問題が発生したか、その問題を解決するために如何なる態度、政策が採られたか、その結果問題はどの様に変化して行ったか等の問題を究め、原住者政策の基礎たる植民者対原住者間に生ずる諸法則の発見に役立てようとするのである」（高倉一九四二a、三）。

高倉はあくまで植民学上の民族問題の一環として『アイヌ政策史』を執筆した。発端の動機がどうあれ、高倉のアイヌ民族研究は個人的な問題意識や方法論にもとづく独自の研究ではなく、あくまで植民学という学問的観点にたつ研究だった。

内国植民論との接点

しかし、問題はその「植民学」の中味である。これが佐藤昌介や高岡熊雄に由来する北大植民学とかかわりを持たず、矢内原忠雄など外部の学問的観点に由来するものであれば、高倉の研究を「北大」植民学の系譜上に位置づけることはむずかしい。なるほど高倉が矢内原などの議論から影響をうけていたことは否定できないだろう。しかし、北大植民学の系譜が高倉の研究とのつながりをまったく欠くとも考えにくい。カギとなるのは、高倉が念頭においていた植民学と北大植民学とのかかわりである。高倉の民族問題への取り組みは高岡熊雄の内国植民論と接点をもたないのだろうか。

その手がかりは、じつは高倉新一郎自身の述懐の中に存在する。アイヌ民族研究を始めるきっかけが高岡熊雄の内国植民論にあったことを、かれ自身が認めているのである。いぜんとして改善されないアイヌの生活状況を目の当たりにしたとき、高倉の脳裏に去来したのは、「高岡先生の植民学で習っていた『土人政策』にほかならなかった」。

「当時、北大では高岡熊雄先生の植民学の講義がありました。〔…〕高岡先生は、植民政策といっても、よその国へ行くのではなしに、未開の土地に人を移してその社会を育てる学問、つまり内国植民ということを主張しておられた。でも、講義で聞いている例は、イギリス、スペイン、オランダがどうこうという話ばかり。／そこでふと頭にひらめいたのが、アイヌの人たちのことだったんです。外国のことではなく、足もとに、こんな大きな問題があるじゃないか、と。高岡先生に考えを話しましたら『いい、やってみろ』って。それが、私のアイヌ研究の始まりでした」（高倉一九八七、九三 - 四）[注9]。

高倉が意識していた民族問題とは、高岡熊雄の内国植民論における「土人問題」だった。しかし、高岡の「土人問題」は諸外国の民族問題に限られていた。高倉は、その欠落部分を埋める形でアイヌ民族研究を開始したといえる。

高倉新一郎のアイヌ研究は高岡熊雄の内国植民論の枠組みを完全に逸脱したものではない。それは高岡の議論を受け、その延長上に展開された研究だった。

しかし、このことを示すためには、高岡熊雄の内国植民論と、高倉新一郎のアイヌ政策研究の内容にもう少し詳しく立ち入って、両者のつながりを確認する必要があるだろう。高倉は内国植民論からなにを引き継いだのか。あるいは、高倉のアイヌ研究に内国植民論はどのような影響を与えているのか。そして、なぜ高倉のアイヌ研究は高岡の流れから外れた傍流とされることになったのだろうか。

これらの問いに答えを見つけるために、もう一度、高岡熊雄の学説を検討し、高倉新一郎の研究と比較してみよう。

注1　開拓使は当初から女子教育にも力を入れていた。留学生として津田梅ら女子五名をアメリカに派遣しただけでなく、仮学校内に一八七二年九月から女学校を開設していた。生徒は全員が官費生であり、成業後は北海道に永住することが求められた。女学校も札幌に移転したが、翌一八七六年に廃止された。

注2　一八八八年にはドイツ語が正課にとり入れられ、マサチューセッツ農科大学の影響はさらに弱まっていった。

注3　詳しくは、井上勝生（二〇一三、第三章）を参照。

注4　しかし、北海道への移民を訴え海外への移民を否定する佐藤の議論は、一九〇〇年ころを境に変貌し、海外植民論を積極的に提唱するようになる（井上二〇〇七a、一二七以下）。また、人口増加に由来する「自然の結果」として植民の必然性を唱える佐藤に対して、新渡戸稲造の京大植民論講義録のように労働力の流出という立場からの批判もあった（井上二〇〇七a、一四九）。

注5　あるいは、系譜の出発点を新渡戸稲造とする点に疑問は残るが、高岡の遺稿の編集者でもある蛯名賢造は、高岡以後の内国植民論の系譜を次のようにまとめている。

「〔新渡戸稲造の〕札幌農学校教授時代における農政学・植民学の分野は直接その愛弟子高岡熊雄（北海道帝国大学総長）に受けつがれた。さらに内国植民政策論としては、高岡熊雄―上原轍《ママ》三郎博士（北海道大学名誉教授・北海学園大学長）―高倉新一郎博士（北海道大学名誉教授・北海道学園大学長）によって継承発展せしめられ、一のすぐれた学問体系を形成した」（蝦名一九九五、三五九）。

注6　高岡理論を社会政策・経済政策の面からのみ論じるものとしては、すでに引用したが、大田原高昭（一九七九）、崎浦誠治（一九八二）、蛯名賢造（一九九五）などがある。竹野学（二〇〇七）は後半

部（一八七以下）で、「従来見落とされてきたもう一つの議論」として、「北大植民学では考察外と理解されてきた植民地統治面について見解を表明した」高岡の「植民界における二大運動」（一九二六）を取り上げている。しかし、この指摘が、「北大植民学の本流として植民術としての農業移民論を軸」に見るという、同じ論文の前半部分の主張とどのように折り合いをつけられるのかは、明確でない。高岡理論における民族問題の存在を指摘しているものとしては、番匠健一（二〇一一）があるが、アイヌ民族との関係にまで議論が及んでいるわけではない。

注7　結城庄司はこうした高倉の態度を、アイヌのみじめさを際立たせることで差別を増長していると批判している（結城一九九七、一六七-八など）。実際、高倉はエピソードを語るなかで、老女を「よいどれ」の「目が赤くただれた、唇の黥《いれずみ》もあせた、みにくい老婆」と形容している（高倉一九六六、二、三）。

注8　なお、理由はさだかでないが、一九四二年の『アイヌ政策史』で用いられていた「原住者」という言葉は、一九七二年の『新版アイヌ政策史』では、ほぼすべて「土人」に置き換えられている。

注9　高倉はアイヌ肖像権裁判の被告人質問に対しても、本文で述べたものとほぼ同じ内容の回答をしている（現代企画室編集部一九八八、一八七-八）。さらに、以下（高倉ほか一九八三、一二三）も参照。

「**海保**　その御専門になった植民政策学というんですか。私解りませんけれど、そういった様なものが一つの基礎となっているのでしょうか。

高倉　アイヌ政策史まとめる時はそれが基礎です。今になってみると非常に古い基礎なんだけれど、ともかくそれが基礎でまとめたんです。

関　植民学なんですね。当時の。

高倉　植民学のうちの土人政策です」。

第三章　内国植民論

一　高岡熊雄の日本内国植民論

佐藤昌介の民族論

高岡熊雄について検討する前に、前任者である佐藤昌介が民族問題をどのように論じていたかを確認しておこう。

先に触れた一八九一年と一九〇〇年の講義ノートのうち、前者には「殖民地政府の土蕃に対する政略」と題された一節があり、おもに英国植民地における原住民政策が論じられている（井上勝生二〇〇六b、八六 - 九）。ノートという性格上、趣旨のわかりにくい部分もあるが、その内容はおおよそ、以下のようにまとめられる。

ヨーロッパ人は植民の歴史において「土人」を虐待し、その「天性」を破壊してきた。その結果は原住者に対する「燼殺」や「掠奪」や「追放」といった残酷極まるものだった。しかし、いまやこのような残酷の時代は過ぎ去り、植民地政府の「土蕃政策」は一変し、原住者たちを「保護と開花に導く」政策に転換している。

米国では当初「土蕃」を開明に導くという発想はなかった。人々が移住してくると、原住者は不毛の土地に追われたが、そこで生活することは難しく、再びもとの土地に戻り、政府の救育を受けるか、あるいは移民を襲う「蛮民」となった。そのため、政府は土地を囲ってそこにかれらを住まわせ、宗教による感化によって「開明」に導くよう務めた。しかし、この方法では周囲の白人との争乱が止まず、結局は移民の利益のために原住者をいっそうの荒地に追い出すことになる。それはまた、かれらをふたたび旧習に服させることにほかならない。

かれらの将来の運命としては、(一)「土蕃の皆燼《かいじん》」ないし「燼滅《じんめつ》」、(二)「分立して解明に導くこと」[注1]、(三)「一般人民と混同すること」の三つが考えられるが、混同が唯一の方法である。混同ないし混合とは、主僕として、あるいは同胞として、さらには結婚を通して、「土人と殖民者との一致」をなすことにほかならない。

講義ノートの末尾で、佐藤は「何にしても土蕃問題は至難なる哉」と歎じ、「混同に弐種あり、住居の混同、及血統の混同是なり、血統の混同は平和なる手段を以て土蕃の血統を燼滅せしむるものなり」と述べている。あくまで一般論としてではあるが、すでにこの時点で同化による民族消滅が、植民地における政策として論じられていた(井上勝生二〇〇六b、九三)。

その後一九〇〇年のノートでは、植民地における原住者との関係は、ルイスからの引用部を別にすると、まったく論じられなくなる。

アイヌ民族についてみれば、佐藤の言及はいっそう限られている。一八八六年にアメリカ留学から帰国した際の「復命書」の中で、アイヌ民族は日本人を敵視せず、隷属を甘受している「従順な民族」である、と述べているという（田中愼一一九八二、五八九）。しかし、井上勝生（二〇〇七a、一八二）によれば、それ以後、佐藤昌介がアイヌ民族に言及したことはない。少なくとも佐藤昌介を見る限り、北大植民学が民族問題、とくにアイヌ民族について熱心に論じなかったという指摘は、当てはまるかもしれない。

プロシア留学

では、佐藤昌介の内国植民論を引き継ぎ、それをさらに強化拡大したとされる高岡熊雄はどうだっただろうか。先に見たように、高倉新一郎が学生時代に師事し、アイヌ民族研究のきっかけとなったのは高岡熊雄だった。北大植民学の系譜の中核に位置したとされるのも、高岡の内国植民論にほかならない。北大植民学とアイヌ民族研究との関係を見るためには、かれが民族問題をどう扱っていたか、とくに北海道開拓とアイヌ民族との関係にどういう態度をとっていたかが、重要なテーマとなる。

高岡熊雄は一八七一（明治四）年に島根県に生まれ、一八八七（明治二〇）年に札幌農学校予科に入学した。一八九一年に本科に進学し、佐藤昌介から植民学などの講義を受けた。一八九五（明治二八）年に札幌農学校を卒業すると、その後も校費研究生として同校にとどまり、一八九七年に同校助教授に就任した。そして一九〇一（明治三四）年、ドイツへ留学する。

札幌農学校はウィリアム・S・クラークの指導に見られるように、当初アメリカ合衆国の農学の影響が強かった。実際、佐藤昌介も新渡戸稲造も卒業後アメリカのジョンス・ホプキンス大学に留学している。しかし、そこで佐藤らが農政学を学んだ歴史学者アダムス（Herbert Baxter Adams）も、また農業経済学の指導をうけた経済学者イリー（Richard T. Ely）も、ともにドイツ留学経験を持ち、ドイツ歴史学派の影響をうけた人物だった。佐藤自身も留学中にドイツとイギリスに出かけて研鑽を深めた。佐藤らがアメリカから持ち帰ったものは、アメリカ的というより、むしろドイツ的な学風だったとされる。そのため、アメリカ人教師が去った後の札幌農学校は、急速にドイツへの傾斜を強めていった（中島一九五六a、太田原一九七九、八八など）。

高岡熊雄は留学先のボン大学で、おもに経済学関係の講義を聴講した。翌一九〇二年にはベルリン大学へ転じ、当時のドイツ経済学の重鎮といえるアドルフ・ヴァグナー（Adolf Wagner）とグスタフ・フォン・シュモラー（Gustav von Schmoller）の講義に参加した。また農政学をマックス・ゼーリング（Max Sering）から学んだ。ゼーリングは当時、東部ドイツへの内国植民論を唱えていた人物である。このころの事情を、高岡は次のように語っている。

「元来私はドイツ留学前から、わが国に於ける最も重要な農政問題は小作問題の解決と農業経営の規模の拡大とであり、そして第一問題の解決方法の一つは小作農をして自作農たらしむるにありとし、ゼーリング教授の著『東部ドイツに於ける内国植民』Die innere

Kolonisation im östelichen Deutschland（一八九三年）の如き重要な参考資料として、研究を試みつつあった。斯る関係から私はベルリン大学においては、ゼーリング教授の指導の下に、内国植民問題に就て研究した」（高岡一九五六、八〇）。

ドイツ留学で、高岡はプロシアにおける内国植民政策を学んだ。同じ一九〇二年に、当時の台湾総督府民政長官だった後藤新平が新渡戸稲造とともにベルリンを訪問したが、高岡はかれらとともにプロイセン王国内のポーゼン（ポズナニ）、西プロイセン二州に出むき、内国植民政策の実情を調査している。また翌年もドイツ各地で内国植民事業を視察した。これらの調査は、後に『普魯西《プロシア》内国殖民制度』として台湾日日新報社から刊行された（一九〇六年）。

さらに、ドイツの政策に学ぶだけでなく、「日本の事情等を外国の学界に紹介することも、われわれがなすべき任務である」と考えた高岡は、ドイツ滞在中に「日本内国植民論」（Die innere Kolonisation Japans）と題された論文をドイツ語で書き上げた。その中で、中世以来の蝦夷地政策を内国植民の一例ととらえ、その変遷を説明している。この論文は、シュモラーの推薦により、国家学及び社会科学研究叢書の一つとして、一九〇四（明治三七）年にライプチヒの出版社から刊行された。

一九〇四年、高岡はフランス、イギリス、アメリカを経て帰国する。一九〇七年に札幌農学校が東北帝国大学農科大学に改組されると、その教授として日本で最初の植民学講座を担当した。

一九一八年には北海道帝国大学農科大学教授、さらに一九三三年一二月には同大学第三代総長に就任し、一九三七年二月までその職にあった。一九三四年には学士院会員に選出され、一九四二年に設立された大日本拓殖学会など、いくつかの学会で会長を務めた。

また政治や行政とのかかわりも深く、札幌区会議員、札幌市会議員に当選し地方議員の地位にあったことがあるだけでなく、さまざまな公的委員を引き受け、地方行政にも深くかかわった。戦後は公職追放処分を受け、一九六一年一二月に没している。

『日本内国植民論』

ドイツ留学中の高岡がドイツ語で刊行した『日本内国植民論』（Takaoka1904）は、全体で一〇〇頁余りの小冊子である。とはいえ、日本国内の植民政策が論じられ、とくにアイヌ民族とのかかわりが扱われている点で見過ごしにできない書物である。

まず、この本の構成を見てみよう。それは以下のような章立てによって構成されている（以下、引用部分は引用者による仮訳）。

まえがき

第一部「地理学的素描」

第二部「内国植民の歴史的叙述」

第一章「原住者（die Eingeborene）優位の時代」
第二章「松前藩による管理の時代」
第三章「徳川将軍の直接統治の時代」
第四章「新政権の時代」
第三部「内国植民の成果」
第一章「入植者と帰国者」
第二章「土地所有の配分」
第三章「北海道全体の経済的発展」
第四章「財政的成果」
第四部「原住者政策」

第一部は北海道の位置や気候を簡略に紹介したもので、全体で二頁にすぎない。また第四部も六頁と短い。この書物の大半を占めるのは第二部と第三部の記述である。

ここで重要なのは、第二部の歴史的記述といえる。そこでは、北海道における政策の推移が、松前藩、徳川幕府、明治政府という統治者の変遷にしたがって説明されている。明治以降をあつかった第二部第四章「新政権の時代」は、さらに管轄官庁の移行にしたがい「開拓使による管轄の時代」「三県による管轄の時代」「北海道庁による管轄の時代」の三セクションに分けられている。

　つぎに注目すべきなのは、その歴史的記述の中でアイヌ民族に関する説明が大きな比重を占めている点である。高岡によれば、松前藩統治時代までは、「日本人」入植者はほとんど見られず、北海道の大半がアイヌ民族の自由にまかされていた。しかし、徳川幕府の時代になると、外国勢力から蝦夷地を守るために、同化政策が開始された。歴代の統治者たちにとって、アイヌ民族とどのように対峙するかはつねに蝦夷地統治上の重要な課題だった。

　しかし、明治新政府の植民政策を歴史的に説明した第二部第四章になると、記述は内地からの移民の受入れ政策が中心となり、アイヌ民族への言及は見られなくなる。続く第三部でも、植民政策の成果、たとえば植民政策によって定住した者と帰郷した者との人数比、かれらの背景、定住者への土地の分配、北海道の経済発展や財政事情などが統計的数値をまじえて検討され、ここでも記述の対象はあくまでも和人である。

　しかし、明治時代以降の民族問題が論じられていないのではない。第二部および第三部とは別に、第四部がまるごと「原住者政策」としてアイヌ民族政策にあてられている

　第三に注目すべきことは、何よりも重要な点であるが、徳川幕府から明治政府にいたる蝦夷地政策および北海道開拓を、高岡が内国植民の一例と考えていた点である。第二部でももともと北海道にアイヌと呼ばれる先住民族が居住していたこと、また一二世紀に源頼朝に敗れた藤原泰衡《やすひら》の家臣の逃亡先として北海道に日本人が入り始め、鎌倉時代初期に政治犯の流刑先とされたことが

植民政策の始まりとして語られている。

それだけでなく、高岡は日本における北方政策と、プロシアによる東部地域への内国植民政策とを、基本的に同種の活動と理解していた。開拓使による北海道開拓は一七、八世紀のプロシア内国植民政策に比せられ、北海道庁による開拓は一九世紀末からの西プロイセンおよびポーゼン両州への内国植民政策にたとえられている。日本人の北海道への侵出が、ドイツ人の東部プロシアへの政策と同じ植民活動ととらえられていたのである(Takaoka1904, 4,65)。

ところで、高岡は開拓使と北海道庁による政策を高く評価するが、三県時代は政策の縮小の時期ととらえ、その成果に対して否定的だった。また高岡の記述はあくまで権力側の視点に立ち、為政者が入植者をどのように援助し便宜を与えたかの説明に終始している。政策が思うような成果を挙げなかった場合、その原因はつねに入植者側の怠惰や無能に帰せられた。

高岡熊雄のアイヌ民族論

第四部は全体で六頁の記述にすぎないが、しかし「原住者政策」を主題とし、アイヌ民族の状況の説明にあてられている点で重要である。また第二部の歴史的叙述の中でもかなりの部分が「日本人」とアイヌ民族とのやり取りに割かれていた。このように北大植民学がまったくアイヌ民族を論じてこなかったわけではない。

では、高岡熊雄はアイヌ民族をどのように理解していただろうか。

高岡によれば、アイヌはもともと本州北部に居を占めていたが、しだいに北へ追い詰められ、北海道に追いやられた。とはいえ、松前藩時代までは依然として強い勢力を保っていたため、松前藩の統治はごく限られた範囲に限られていた。

松前藩にはアイヌ民族を屈服させ支配下に置くだけの力はなかったが、かといってアイヌ民族を懐柔して日本文化になじませる才智も欠けていた。そこで松前藩はアイヌ民族が日本語や日本文化を身につけることを禁じ、アイヌとの往来や商取引を厳しく制限した。

「これらの命令は統治の意図を明るみに引き出す。すなわち、原住者は低い文化水準にとどまるべきであり、それによって容易に統治されるだろう、ということである。〔…〕実際、それは面倒のない政策だった」（Takaoka1904, 98）。

しかし、工業や商業の発展をうながすという観点からすれば、この政策は「進歩」に反し、歴史に逆行する政策だった。蝦夷地を「進歩」と無縁のままに放置したという点で、松前藩の政策に対して高岡はきわめて批判的である。

いっぽう徳川幕府は国外勢力の脅威のもとで同化政策を採用した。松前藩の政策のもとで苦境におかれたアイヌが外国人の援助によって支配から抜け出すことを恐れた徳川幕府は、原住者政策を方向転換し宥和策を採用した。日本語の学習を認め、アイヌが日本的風習を身に着けるのを助け、衣服や住居や薬を与え、日本的道徳を教え、さらに農業を教え、漁具を与えて、かれらの「日本化」をめざした。その結果、アイヌは徳川幕府の実質的統治の下に入ることとなった。高岡は徳川幕府の政策を高く評価し、とくに原住者政策について「望ましい成果をあげた」と称賛している（Takaoka1904, 12-15, 99）。

しかし、そのいっぽうで、土地をあらたに開墾し移民を送り込むという点では、徳川幕府は見るべき成果を挙げなかった。高岡の見解では、「封建主義と植民はその本性上けっして両立しない」のである。

明治政府の内国植民政策

明治政府になると、この「人道的政策」はさらに拡大された。その理由は次のように説明される。

「とくに新政権の初期に政府はこの問題に特別な注意を払った。なぜなら、原住者は北海道で少なからぬ役割を担っていたからである」（Takaoka1904, 99）。

北海道開拓の重要な労働力として、政府はアイヌに食糧を支給し、健康に配慮し、過剰な労働を禁じ、日本人との結婚や養子縁組を許し、住居や農具を提供し、刺青や耳輪を禁じ、日本語を教え、知識の増進をうながした。少なくとも明治時代初期までは、日本政府による民族政策が存在したのである。

しかし、これらの「保護策」の実施にもかかわらず、成果は芳しくなかった。なぜなら、「原住者があまりに低い文化水準に位置していたからである」。さらに、政府の最大の関心事が和人の入植による経済的発展にあったため、しだいにアイヌ民族はないがしろにされるようになった。とくに日本人の入植者が増大すると、アイヌ民族は「〔北海道の〕発展に対する重要性を失っていった。二つの民族が出会うとき、つねに弱者が強者に制圧され、しだいに世界から抹消されるのは、歴史的事実なのである。」（Takaoka1904, 99）

和人入植者の増加によって、最終的に「原住者は、日本の経済的ならびに国家的関心にとって、いまやまったく意味を持たなくなった」。明治政府にとって、異民族としてのアイヌ民族は事実上消滅したというのである。

しかし、このままアイヌ民族を運命にまかせれば悲劇的結末はさけられない。そこで明治政府や日本国民の「人道的精神」によって一八九九年に「北海道旧土人保護法」が制定され、アイヌ民族の「農業従事民族」への転換がはかられた。しかし、これはアイヌ民族を民族として存続させるための処置ではなかった。なぜなら、

「こうした人道的取り扱いにもかかわらず、生存のための悲劇的戦いの中にあるこの貧しい

種族が遅かれ早かれ地上から消失し、民族誌学者の研究だけが残るのは、避けがたいことである」(Takaoka1904, 102)

からである。原住民族の消滅。これが高岡の日本内国植民論の結末である。こうして、アイヌ民族に関する高岡の議論は、北海道旧土人保護法の成立をもって終了する。

『普魯西内国殖民制度』

このことは、この書物が北海道旧土人保護法制定から間もない時期に刊行されたという、時間的関係だけにもとづくものではない。先住民族の消失は、高岡の内国植民論からの理論的な帰結でもある。この点を理解するために、高岡の内国植民論の内実をもう少し詳しく検討しよう。

『日本内国植民論』はプロシア留学中の論文である。この留学中に高岡はゼーリングについてプロシアの内国植民政策を学び、その実情を調査し、いくつかの報告書をまとめた。これらの報告書にもとづいて書かれたのが、一九〇六年に刊行された『普魯西内国殖民制度』(高岡一九〇六a)である。内国植民に関する高岡の基本的理解は、この著作の中に展開されていると考えてよいだろう。そこで論じられている議論の中味を検討してみよう。

高岡はその「緒論」で、「内国殖民」の意味を広狭三つに分類している。もっとも広い意味での内国植民とは、「人民が一国内に於て一地方より他の地方に移住するを意味する」。これをやや狭い意味に解釈すると、内国植民とは「一国内にて既に文化の行はれ居る地方に国民が他の地方より規則正しく移住し来りて茲《ここ》に土着し主として農業を経営する」ことを意味する。最狭義にはたんに「大農地を分割して以て新たに中小農地を国内に設くる」ことである（高岡一九〇六a、一二）。

しかし、たとえ同一国家内での移住であっても、「文明の民が人跡の未だ至らざる地若くは未だ文化の恩沢に潤はざる地方に移住し始めて天与の富源を開発するが如き」は、「内国植民」とは呼べない。「植民」とは、すでに一定の文化を持った別の集団が居住しその土地の資源の開発を行なっている地方へ、それとは別の一定の文化を持った集団が移住することであって、人間の居住しない土地や、たとえ居住していても見るべき文化を持たず、土地の利用や資源の開発を行なっていない土地へ移住するだけでは「植民」ではない。「植民」はたんなる未開地の開拓ではなく、文化を持つ集団と集団の関係であり、民族と民族の衝突を含む概念なのである。

したがって、内国植民には人口の移動、農地の分割といった農業政策ないし社会政策とともに、移住先の異民族に対する民族政策という第二の構成要素が含まれることになる。高岡が政治的観点抜きに植民概念を理解していたわけでないことは、ここから明らかである。

内国植民政策はまた、実施する主体の違いよって三種（のちに四種）に分類された。

第一は「国家的内国殖民制度」と呼ばれるものであり、これはプロシア政府がみずから土地を買い上げ、中小農民に分割譲与する政策である。内国植民政策の中核をになう制度であって、社会政策としての側面と民族政策としての側面の両方を担う部分である。

いっぽう「私人的内国殖民制度」とは、個人や団体がそれぞれの利益を求めて自己の農場内に農業者や手工業者を移住させる活動であって、高岡によればこれは「純然たる一種の社会的政策」であり「経済的行為」であって、民族問題といった政治的側面を併せ持つものではない。三つめは「営利的内国殖民」であり、会社や組合が営利目的で土地を買い入れ、これを区画して販売するという活動である。これは純粋な営利活動とされる。

『普魯西内国殖民制度』ではこの三種の分類のみだが、後に高岡は公益的機関が公益的事業として内国植民を行なう場合を営利的内国殖民とは区別して、「公益的内国殖民」として論じたので、最終的には四分類ということになる（高岡一九二二a、五六七）。

しかし、これらの多様な政策の中にあって、民族政策を含む本来の内国植民政策といえるものは国家的内国植民制度にほかならない。『日本内国植民論』において取り上げられた日本の内国植民政策も、為政者の政策を中心に論じていることから、基本的に国家的内国植民制度の一例と考えられる。

社会政策としての内国植民

では、プロシアにおける国家的内国植民はどのような事情のもとに開始されたのだろうか。

高岡によれば、社会的・経済的政策としての内国植民活動は紀元前四世紀のローマにはじまり、その後一七世紀になってヨーロッパ各国によって活発に展開された。プロシアでも三十年戦争（一六一八～四八年）後の農耕地の荒廃や大地主による買い占めに対して、農民人口の増加や産業の発展を目的に内国植民政策が実施された。

さらに一八世紀末から一九世紀にかけて世界的に経済的な自由主義が唱えられるようになると、農村の共有地が個人に分割され、土地の売買譲渡の自由が保障されるようになる。この時期、一時的に内国植民は中断する。しかし、自由主義的な土地政策は大地主を生み出し、その反動で中小農民は没落し、土地を持たない農業労働者が多数生み出されることになる。

農業労働者の多くは生活の改善を求めて西部の工業地区へ移動し、工場労働者へと転じた。農業労働者の減少は賃金の高騰を招き、農業生産コストの増加を招いた。いっぽうで、世界的な経済の発展で穀物価格は下落し、農家の収入は減少した。一九世紀のプロシアでは、没落した中小農だけでなく、大地主たちも経済的な困難に直面していたのである。

こうした事態を改善するために、当時のプロシア政府は農業地の相続制度を改正して中小農民の存続をはかった。そのいっぽうで、中小農の減少した地方に対して、再びその人口の回復を図る目的で内国植民政策を実行した。「普魯西王国は内国殖民に依り国家の成立上財政上軍事上社会上国民の健康上必要欠くべからざる中小農民の増加繁栄を計」ったのである。「実に現時の内国殖民なるものは国家が経済上弱者たる中小農農業労働者を扶助して其発達を計らんとする一の社会政策」であった（高岡一九〇六a、四四‐五）。

具体的には、一八八六年「移住土著〔着〕法」を制定し、この法律に基づき西プロシアとポーゼンの二州の土地をプロシア政府が買い上げ、これを農民に譲与することで、この地域の中小農と農業労働者を増加させようという政策だった（高岡一九〇六a、六一以下）。

民族競争としての内国植民

プロシアの内国植民は西プロシアとポーゼンの二つの州を中心に実行された。この二州はもともとポーランド王国の支配下にあった地域である。一八世紀にポーランド王国がロシア、オーストリア、プロシアによって分割された際に、プロシアの領土に編入された。したがって、そこにはすでに多くのポーランド人が居住し、経済的活動を行なっていた。注2

プロシア政府は一八世紀以来、新領土にドイツ民族を定着させようと試みてきたが、ポーランド人の勢力は強く、ドイツ化は進まなかった。教育が普及し産業が発達するにつれ、ポーランド人は民族意識を高めて経済的実力を増し、西プロシアおよびポーゼン両州ではポーランド人による土地買収が行なわれるようになった。政府の思惑とは反対に、むしろドイツ人のポーランド化が進むほどの状況だったのである。

こうした事態を受けて、宰相ビスマルクはポーランド人懐柔によるドイツ化は不可能と判断し、「寧《むし》ろ其勢力を打破し之れを撲滅するを以て至要至急の政策なり」と考えた。これを実行するために一八八六年に発布された移住土着法は、その名（「西普魯西及ポーゼン両州に於ける独逸民族の移住土著奨励法」）のとおり、この二つの州のポーランド人から土地を買い上げ、これを適宜の面積に区画し、有利な条件でドイツ民族に譲与しようとするものだった。こうして西プロシアおよびポーゼン両州におけるドイツ人中小農と農業労働者の増殖をめざしたのである。

したがって、当時プロシア政府が進めていた国家的内国植民政策は、たんなる土地政策ではなく、ポーランド人から土地を取り上げドイツ人に売り渡すという民族政策であり、旧ポーランド領のドイツ化、極端に言えば、ポーランド人「撲滅」のための政策にほかならなかった。「現時の内国殖民なるものは又一種の民族的競争」だったのである（高岡一九〇六a、四六 - 五九、さらに三二 - 三三参照）。

しかし、この事業が開始されると、両州のポーランド人たちは一致団結して抵抗し、銀行を設け組合を組織してみずから土地を購買し、これをポーランド人に分割譲与した。このためかれらは経済的実力を増進して、むしろプロシア王国に対してますます反抗するようになった。プロシア政府はさらに国庫からの支出を増大し、いっそうのドイツ人植民に努めざるを得なくなるのである。

高岡はドイツ人とポーランド人とのこうした争いを、次のように表現している。

「今や普魯西王国の東部平原に於ては黒白の猛鷲互に利爪を研ぎ相搏撃《はくげき》するの状、人をして悚然《しょうぜん》たらしむ。果して何れか能く最終の勝利を博するを得るや吾人は刮目《かつもく》して之を将来に視ん」（高岡一九〇六、五九）。

高岡熊雄のいう内国植民政策は中小農民の育成という経済的かつ社会的政策であるとともに、異民族の「撲滅」をめざす民族間の抗争だった。植民国政府から見れば、それは原住民族を排除し、自民族の支配を確立するための政策にほかならない。

ところで前章でも触れたように、北大植民学の系譜的説明の中で、高岡の内国植民論は民族問題抜きに論じられてきた。その際、高岡がドイツから導入した政策として、しばしばその説明の中心に置かれたのは地代農地制度である。

しかし、高岡が北海道への導入をはかり大地主たちの反対によって阻止された地代農地制度（第二章参照）は、国家的内国植民でなく私人的内国植民を促進するために設けられた制度にほかならない。プロシア政府は一八九〇年に「地代農地に関する法案」を発布した。それは大地主の土地を分割し中小農の増加をはかるという目的で国家的内国植民政策と等しいが、しかし個人や団体が国家の助力をいっさい借りずに「全く自己の計算を以て」一定の地代を支払い、その代償に土地を手に入れるという点で、国家的内国植民とは異なる（高岡一九〇六、一五九以下）。

私人的内国植民について高岡自身、純然たる社会的・経済的政策と述べていることから、内国植民を地代農地制度中心に理解するかぎり、高岡の植民論は民族問題抜きの社会政策である、という解釈も生まれるだろう。しかし、私人的内国植民制度は高岡が学んだ植民制度の一部でしかなく、しかもかれは国家的内国植民制度こそ内国植民制度の中核であると考えていた。そして、国家的内国植民制度は社会政策とともに民族政策をかねそなえる政策だったのである。

植民の終了

しかし、国家的内国植民が民族の抗争でもあるならば、いっぽうの民族が「撲滅」され、消滅した時点で、十全な「植民」もまた終了し、経済的・社会的政策に移行することになる。このことは、プロシアと北海道の「植民」の場合、どのようなことを意味するだろうか。

プロシアの内国植民は、もともとポーランド領だった土地へのドイツ人の移植であり、そこにはすでにポーランド人が居住していた。したがって、植民活動を遂行するには、ポーランド人の勢力を抑え、ドイツ人の入植をすみやかに進める必要があった。

同様に、松前藩統治時代までのアイヌ民族も独立した生活を保ち、和人に対する対抗勢力として存在していた。蝦夷地へ侵入した和人はつねにアイヌ民族とどう対峙するかという問題をかかえていたのである。アイヌ民族が民族政策を必要とさせる存在である限りは、和人の侵入は、まぎれもなく民族政策としての植民活動の要素を含んでいた。

西プロシアとポーゼンのポーランド人たちはプロシア政府の政策に対して強固に抵抗を続けた。これら二つの州へのドイツ人の移民活動は、いぜんとしてはげしい民族競争をまぬかれなかった。その限りで、高岡が学んだ時代のプロシアでは、内国植民政策はいまだ政策としての完遂を見ていなかった。

いっぽう日本の内国植民にあっては、当初強力だったアイヌ民族の抵抗は、和人の侵入の拡大とともにしだいにその力を奪われていった。物々交換による時代から、商場知行制《あきないばちぎょうせい》と場所請負制[注3]の時代を経て、さらに明治政府が成立し、北海道開拓が強力に推し進められる時代になると、アイヌ民族は急速にその生存を脅かされていった。

それでもなお明治時代初期にあっては、政府は北海道開拓のための労働力としてアイヌ民族を利用しようとした。その限りで、民族政策は皆無でなかった。しかし、一八九〇年代になって和人の入植者が急増し、労働力が和人によって確保されるようになると、アイヌ民族は「日本の経済的ならびに国家的利害関心にとっていまやまったく意味を持たない」存在になる（Takaoka1904, 100）。高岡にしてみれば、ポーランド人とは異なり、アイヌ民族は無視しうる存在となり、植民政策は成功裏に終末を迎えようとしていたのである。

それゆえ、北海道において残された課題は、「国民と国家の人道的精神」によって「慈善的支援」がなされ、アイヌの和人への同化をすみやかに完了することだけだった。しかし、これはもはや植民政策ではない。北海道における「植民」はアイヌ民族の「同化」とともに終了したとみなされたのである。

「植民」概念の変容

「植民」が終われば、残されたのは、人びとをどのように農地に定住させるかという社会的政策にほかならない。「一地域に於ける植民現象は時と共に終る。永久的なる植民地なるものは存在し得ない」（矢内原一九二六、六）。こうして一八九九年の北海道旧土人保護法以後、北海道における植民活動は理論的に消滅したとされた。

いっぽう高岡が『普魯西内国殖民制度』を刊行してから一二年後の一九一八年、第一次世界大戦にドイツ帝国が敗れると、プロシア王国は消滅し、西プロシアとポーゼンの二州は復活したポーランドに返還され、ドイツは植民地を失った。北海道とは別の理由で、同じころプロシアの国家的内国植民政策も終末をむかえることとなった。

ところで、高岡は、第一次世界大戦後のワイマール共和国についても「内国植民」を論じつづけた（高岡一九二二b）。このことから、内国植民が民族問題抜きの政策として説明されているかの印象が生じる。しかし、その内容を確認してみれば、そこに理論的撞着のないことは容易に見て取れる。

高岡によれば、第一次世界大戦後のドイツは、戦争による農業人口の減少をおぎない、戦場からもどった兵隊たちを復職させるために、農業的生産の増大が急務だった。共和国政府もまた移住土着法を制定し、内国植民に取り組みつづけた。しかし、戦後の「内国植民」は純然たる経済的・社会的見地から実行された公益的事業であり、もはや社会政策と民族政策の両面を持つ国家的内国植民ではない。本来の植民政策としての国家的内国植民は戦争によって終了したのである。したがって、たとえ「植民」の言葉を用いていても、それはもはや本来の意味で植民ではない。

一九二二年に開催された日本社会学院第九回大会で、「内地植民問題」について報告した高岡熊雄は、「内地植民」も「内国植民」もともにドイツ語の「インネレコロニザチオン」の訳語であると断ったうえで、次のように発言した。

「植民政策上より申しましたならば、内地植民は植民では無いのであります、今日用いられて居る内地植民は植民政策上の議論ではなく社会政策或は農業政策上の問題てあります」（高岡一九二二a、五五〇）。

同じ「内国植民」の語を用いていても、戦前のそれと戦後のそれは同じではない。戦後の政策だけをみて内国植民論を理解すれば、民族問題を欠いた社会政策という説明が生まれることとなる。しかし、それは高岡が植民の中核と考えた国家的植民を見落とした議論にほかならない。とはいえ、北海道に関してみれば、その後の高岡の議論からは民族問題が抜け落ち、農業政策・土地政策として「植民学」が講じられていくことになる。北大植民学に政治的観点が欠けていたとされたのは、この転換以後の概念にもとづいて植民論が論じられたためといえるだろう。ところで、先に見たように、佐藤昌介にあっても、一九〇〇年の講義ノートではもはや民族問題は論じられなくなっていた（井上二〇一三、一八二）。一八九九年の北海道旧土人保護法制定の時期が、「植民」が視野から消えていくひとつの転換点だった様子がうかがえる。

二　内国植民論とアイヌ民族研究

『日本内国植民論』と『アイヌ政策史』

では、こうした高岡熊雄の内国植民論は、高倉新一郎のアイヌ民族研究とどのようなつながりを持つだろうか。高岡の『日本内国植民論』と高倉の『アイヌ政策史』を比較検討してみよう。

第一に見てとれるのは、両者の記述の枠組みの一致である。高岡は北海道への大和民族の侵出を植民活動の一例ととらえ、これを為政者の変遷にしたがって説明した。それは「日本人」とアイヌ民族との接触が始まった時代から、松前藩時代、幕府直轄時代、さらに開拓使、三県、北海道庁と、為政者側の区分に応じて、蝦夷地ないし北海道に対する政策の変化を説明していくという手法である。高倉新一郎もまた、前松前藩統治時代にはじまって北海道庁による統治まで、為政者側の歴史区分にしたがってアイヌ民族政策の変遷の詳細を論じた。

高倉は『アイヌ政策史』において、北海道への和人の侵出を植民活動ととらえた。[注4] そして、「大和民族の近世北海道に於ける植民活動」を、行政的時代区分にもとづいて以下の五つの時期に分割し、アイヌ民族に対する政策の変遷を論じた（高倉一九四二、四など）。

1　前松前藩治時代
2　前幕府直轄時代
3　後松前藩治時代
4　後幕府直轄時代
5　開拓使・三県・道庁時代

もちろん『日本内国植民論』の高岡と『アイヌ政策史』の高倉で、異なる点がないわけではない。何よりも高岡の記述は一〇〇頁にも満たない簡略なものだが、高倉の著作は六〇〇頁を超える大著である。また高岡が植民政策全般を説明しているのに対して、高倉はその中のアイヌ民族政策に主題を限定している。

さらに時代区分にしても、高岡は二回にわたる幕府直轄時代をひとまとめに説明するなどかなり大まかだが、高倉は松前藩統治時代と幕府直轄時代との入れ替わりに応じて、忠実に歴史を区分している。

しかし、それでもなお、統治者側の視点から歴史を分割し、植民地に対する政策の変遷を説明するという態度はひとしい。内国植民としての北海道統治という高岡の枠組みを引き継ぎ、植民政策中の民族政策に焦点を絞ってさらに詳しく検討したのが、高倉の『アイヌ政策史』の構図だと考えることができる。[注5]

民族問題へのアプローチ

第二に、両者の「植民」のとらえ方である。すでにみたように、北大植民学は「植民学」を名のっていても実質的に過剰人口論や農業政策論であり、植民政策上の民族問題や政治的側面を見落としたと批判されてきた。また、このような脈絡の中で見た場合、高倉新一郎のアイヌ民族研究は北大植民学の中では異端であり、矢内原忠雄など東大の植民政策学の流れをくむものである、とも言われてきた。

しかし、少なくとも『日本内国植民論』を書いた当時の高岡は、民族政策が内国植民の重要な要素であることをはっきりと指摘していた。民族闘争を含む現象としてプロシアの内国植民政策を理解したうえで、これにならって北海道の内国植民政策を論じ、アイヌ民族に対する政策を検討していたのである。北大植民学者にあって民族問題を取り上げ、アイヌ民族を論じたのは高倉新一郎が最初ではない。

このことは、ドイツにおいても日本においても対象とする民族が消滅したとみなされ、内国植民が真の意味で植民とされなくなった時代にあって、植民一般の問題として高岡があくまで民族問題を論じ続けたことからも見てとれる。たとえば、一九二六年に『改造』に掲載された論文「植民界に於ける二大運動に就て」（高岡一九二六）では、植民地拡張運動に「相対抗して」起こった民族自覚運動を主題としてとり上げ論じている。[注6] あるいは一九三八年の満州農業移民に関する論文（高岡一九三八）や第一回大日本拓殖学会の開会の辞（高岡一九四三）でも、植民地における先住民と植民者との関係を取りあげた。ただし、内国植民を論じた時代とはちがって、このころの高岡は植民地先住民と植民者との「共存共栄」を説くようになっていた。

いっぽう日本国内については、民族問題は高岡の研究の主題でなくなった。その後、高岡が北海道について論じたのは、農民の負債問題や人口中心の移動といった問題だった。民族問題を含む植民活動は、日本においてはもはや終結したとみなされていた。[注7]

さらに、三つめのポイントとして、高岡と高倉はともに民族問題を論じただけでなく、北海道における民族問題の終結の時期とあり方についても共通している。

高岡は、明治三〇年代になって和人入植者が増大し、アイヌ民族がその経済的な意味を失うとともに、民族問題も消滅し、内国植民は真の意味で植民でなくなったと論じた。高倉新一郎もまた、アイヌの強制労働と天産物の掠奪によるそれまでの「搾取的植民経営」から、明治以降の和人入植による「居住植民地」へと移行したことで、北海道が「アイヌの北海道から内地人の北海道に━即ち原住者の天地から移住者の天地へと変って行った」と説いた。

その結果、労力提供者としてのアイヌの地位は著しく低下し、「更に増加しつゝある移民との混在は、アイヌ独特の社会を破壊して、新に作られた移民社会に吸収する事となった。アイヌの北海道経営に対する政治上・経済上・社会上の地位は著しく低下しつゝあったのみか其特殊な存在は北海道開拓の為に啻《ただ》に負担となったのみならず障害とさへなった。従ってアイヌ政策もその上から割出されて、北海道開拓の進歩を円滑ならしめんがために樹立せらる、に至った」というのである（高倉一九四二、四〇四 - 五）。

高倉新一郎と同化政策

高倉は「結論」と題された最終第七章で、ルロワ＝ボリューによる植民地の発展区分を援用して、北海道における大和民族の植民活動を以下のように概観している（高倉一九四二、六一三以下）。

蝦夷地はもともと小規模の漁猟出稼ぎ者たちが内地の産物をアイヌと交換する商業植民地だった。しかし、場所請負制が行なわれ商人の力が強くなると、アイヌ民族は労働者化ないし奴隷化し、搾取植民地の時代を迎えた。

さらに明治時代になると北海道開拓の奨励によって多数の和人が流入し、移民植民地ないし居住植民地の時代へと移行する。その結果、北海道におけるアイヌの経済上の重要性は著しく減少した。開拓使は場所請負制度の廃止などによって「土人の解放」を行ない、和人との制度上の差異を取り払うことで、北海道の開拓を進めようとした。

しかし、高倉によれば、明治政府の同化政策は為政者の都合による「画一的同化政策」であり、アイヌ民族の伝統的生活を破壊し、生活の困窮を進める結果になった。高倉は明治政府の政策をきびしく批判している。たとえば、

「由来同化主義は〔…〕必然に所謂民族性の破壊を伴ひ、其結果は新しい制度が単に形式化するのみならず、原住者社会の腐敗・崩壊を来し、原住者の生活を破壊し、甚だしきは原住者の反感をさへ買って、植民政策それ自身を危殆《きたい》に瀕せしめた場合すら乏しくなく、遂に多くの植民学者をして非同化主義・分化主義を唱へしむるに至った」（高倉一九四二、六二七）。

とはいえ、高倉が同化政策そのものを否定したわけではない。「批難の点は、寧ろ其同化政策に急であって、それから来る処の諸種の弊害に就いては考える処の少なかった」点にあるのであって、同化政策そのものは究極の民族政策であると、高倉は考えていた。したがって、

「勿論同化政策はかゝる欠点を脱する事が出来ないのであるが、一方異民族統治窮極の理想であり、明治以後の北海道の如く移住者の永住に適する地で、既に雑居をなし、而も移住民に比すれば、原住者の数は頗る少数劣弱で、最早其固有の生活を保って行く事の困難な場合は、此の政策の外に彼等を活かす途はないのである」（高倉一九四二、六二七）。

こうした観点から、一八九九（明治三二）年に制定された北海道旧土人保護法を、それまでの「自由主義・画一政策の修正」であり、「同化手段の整理確立」と説明した。

「〔北海道旧土人保護法は〕経済的には一種の無能力者として是〔アイヌ民族〕を保護する一方、教育に依る同化を強行して完全なる国民に仕立ようと努めたのである。経済的に社会的に全く其個有の勢力を奪はれたアイヌは、今は唯新しい組織に吸収される日を待つのみである。今日のアイヌ問題は其過程に於ける悩みである。旧土人保護法を土台とする今日のアイヌ政策は、唯是を平和に、完全に吸収する事を図るのみである」（高倉一九四二、六二八）。

高倉は、北海道旧土人保護法の制定をアイヌ民族の同化吸収政策の仕上げであると考えた。植民現象としての民族問題はこの法律の制定とともに完成するというのである。それは北海道への入植者である和人にとって、異民族としてのアイヌ民族の消滅にほかならない。異民族政策の研究書である『アイヌ政策史』の記述は、旧土人保護法の制定をもって終了することになる。

「植民現象の一部として原住者問題を見ようとする本研究に於ては、北海道が植民地的性質を失ひ始めた此時に筆を止め、それ以後は『北海道旧土人保護法』の批判として別に異る態度を以て研究すべきものと思はれる」（高倉一九四二、六）。

「故に『北海道旧土人保護法』に依って明示された政策が、果して従来の政策の解決し得なかった諸問題を解決し得たかどうか。それが解決し得る力を有するか否かは、既に植民政策中の原住者政策として論ずべき範囲外に出る」（高倉一九四二、五九六 - 七）[注8]。

高倉は基本的にアイヌ民族に対する同化政策を肯定し、北海道旧土人保護法の制定をもって原住者政策の終末と考えた。もちろん、この法律にもさまざまな不備があり、後に修正を余儀なくされることになったが、しかしそれは植民政策上の不備ではなく、生活困窮者の救済という社会政策上の問題にほかならなかった。

このように、「滅びゆく民族」というアイヌ民族観も、また植民政策の終了を北海道旧土人保護法の成立とみなす点も、高倉新一郎の視点は高岡のそれと共通している。これらは、北大植民学講座の師であり先輩であった高岡熊雄から引きついだと考えるのが順当だろう。

そして、それはまた個人的な感慨や断片的な印象でなく、内国植民論という学説から理論的に引き出された結論だった。高倉新一郎のアイヌ民族研究は北大植民学の伝統、中でも高岡熊雄の内国植民論以来の流れを受け継いでいた。

また、北大植民学がその後、民族問題から遠ざかり過剰人口論や農業移民論に専心したとしても、それは同化政策を通じて原住民族が消滅したという判断を前提にしてのことだったと考えられる。

高倉の政策批判

しかし、北海道旧土人保護法制定以後の状況理解になると、高倉には高岡の楽観論をそのまま共有しない部分が存在する。

原住民族が消滅し北海道の植民が終了したと判断した高岡は、『日本内国植民論』以後、アイヌ民族を主題として取りあげることはなかった。高岡にとって、「さまざまな障害が途上に待ち受けているとはいえ、わが内国植民は全体的に見て喜ばしき賞賛すべき成果を示していることがはっきり分かる」（Takaoka1904, 102）のであり、北海道旧土人保護法による原住民族の「人道的」同化とともに、北海道における植民は成功裏に終焉を迎えていたのである。

いっぽう高倉は、この法律の成立によってもアイヌ民族の同化が十分に進んでいないことに気づいていた。一九一〇年前後になっても、周囲の和人社会とは異なり、アイヌ民族の生活状況は改善されていない。高岡が解決済みと考えた「土人問題」が、いぜんとして消えていないことを高倉は感じ取っていたのである。自分が目にしたアイヌ民族は依然として貧困にあえぎ、差別の中で暮らしていた。とうてい和人社会の中に同化し解消したとは言いがたい。こうした状況を目にしたことが、高倉に植民学上の問題としてアイヌ民族を取り上げさせた動機だったことは、すでに確認したとおりである。

では、なぜそのような事態が生じてしまったのか。高倉は北海道旧土人保護法以降のアイヌ保護政策の実情を検討し、植民事業のあるべき方向を論じている。高倉によれば、「植民事業の道徳的基礎」は次の二点にある。

㈠世界の福祉の為めに未開発の富源を開発すること。

㈡未開の民族の知識を向上してその幸福と繁栄とを増進すること。

しかし、これらはしばしば植民行為の正当化のための口実にすぎず、植民地経営は実際には一国民や一私人の利益のために行なわれてきた。そのため、原住者政策はこの利益を最大にするためであって、「土人」の幸福や繁栄に貢献することはなかった。人道主義的な保護政策も、また北海道におけるアイヌ政策もその例外ではない。

では、北海道の「アイヌの保護同化政策」はその使命を全うしているだろうか。高倉はこの問いを以下の二つに分割して検討している。

一　同化に対して幾許《いくばく》かの役割を遂げたか。

二　はたしてアイヌの幸福と繁栄とをもたらしたか

「具体的例証は困難であるが」という条件をつけたうえで、高倉はこの問いに以下のように答えている。

北海道庁の報告によれば、保護法施行以来、教育はよく普及した。言語については「高等なる観念」を理解する者は少ないが、「全然和語を解せざるものは」「間々之を発見する」にとどまるようになった。また義務教育を受けたものも多く、職業への自覚などが生じている。このように一つめの問いについては、「同化方針を具体化する唯一の方法としての教育」が、遅々とした歩みではあるがその使命を果しつつある。

しかし、二つめの問いについてみれば、アイヌの生計状態は「純然たる日暮し」であり、その「繁栄」も保護法制定時より寧《むし》ろ低下すら見せている状態であり、保護法も「ただ消極的な役割を務めたに過ぎない」。

というのも、北海道旧土人保護法以降の保護策も、実情を無視したそれ以前の画一的同化政策と同様、「其の手段が、アイヌの生活を深く研究理解する事なしに、当局者の合理主義と御都合主義とから生れたもので、充分に其の効果を発揮し得なかった」ため、「アイヌ一般をして著しく無気力な廃頽的なものにして了《しま》い、今日のその政策遂行の妨とすらなっている」というのである。高倉はこの点を「わが国の対蝦夷政策を通じての一つの大欠点」にほかならないと批判した。「人道的」同化が完了しなければ、植民もまた完遂されない。高岡と異なり、高倉は明治政府や旧土人保護法以降の政策の不備を厳しく追及し、その改善を求めた（高倉一九四二、六二八‐三二）。

フタの締めなおし

しかし、ここに高倉と高岡の決定的な決別があると考えるのは早計である。高倉の批判はあくまで同化政策の遂行という観点からの批判であり、同化政策そのものを否定しているわけではない。アイヌ民族の同化を促進し民族としての消滅をはかるという基本的観点は、高岡となんらかわりない。

そのため、高倉もまた北海道旧土人保護法によって解消されずに残された問題を、植民政策上の民族問題とはとらえなかった。北海道旧土人保護法によるアイヌ政策は、高岡と同じように、「母国社会に吸収した原住民」をいかにして「有力な一員に育てて行くか」という「社会政策」にほかならない。北海道旧土人保護法の問題点に関する検討は、「植民政策中の原住者政策として論ずべき範囲外に出る」事柄である（高倉一九四二、五九七）。この点でも、高倉は高岡の路線を忠実に踏襲していた。

高倉は、アイヌ民族問題があくまで社会政策上の問題にほかならないことを確認することをもって、『アイヌ政策史』の結論とするのである。

「今日アイヌ問題として残されている部分は、其の精神的及び物質的文化の差は或《あるい》は教育の普及或は社会的強化に依って次第に除かれ、唯其の経済的方面のみが色濃く残されているのみである。従って植民地現住者問題としての特別に論ぜられるべき問題は次第に消え去って、一般の貧乏問題の内に吸収されつゝあり、旧土人保護法も亦その内容は一般の社会事業と選ぶ所なきに至りつゝある。従って植民問題としてのアイヌ政策を討究せんとする本研究にあっては、是を別の研究に譲るべきであらうと思ふ」（高倉一九四二、六三一）。

民族問題がいまだ存在するとすれば、植民がいぜんとして完結していないことになる。しかし、これは高岡の教えに反する。結論の正当性を守るためには、民族問題はあくまで過去に押しとどめなければならない。なるほど高倉はアイヌ民族を再び取り上げた。しかし、それは、中味が漏れ出ないように、しっかりと蓋をしめなおすためだった、と考えられるのである。[注9]

注1　この項目については、「殖民者とAmalgamateすること」とも説明している。「Amalgamation」は通常の意味では「融合」ないし「混合」だろうが、それは三番目の項目「混同」ないし「混合」として述べられているので、ここではそれと異なるものとして、ひとまず、同化せずに共存したまま「開明」に導くこと、と解釈した。

注2　高岡の説明によれば、当時のプロシア総人口三四〇〇万人のうち約三〇〇万人がポーランド人で、全五四九郡のうち一九五郡に居住し、六〇郡においては人口の過半数を占めていた（高岡一九〇六b、

二九八‐九など)。

注3　松前藩は蝦夷地をいくつかに区分けし、幕府から認められたアイヌとの交易独占権を上級家臣に分け与えた。これを「商場知行制」という。当初は家臣が直接交易を行なっていたが、後に商人に請け負わせた。これを「場所請負制」という。

なお、松前藩が統治したのは、「和人地」と呼ばれる限られた地域であり、蝦夷地は依然としてアイヌの自由に任されていた。

注4「近世北海道に於ける大和民族の植民活動は、世界の近世植民史と同じく、十五世紀に遡り得る」(高倉一九四二、六一一)。

注5　松前藩時代、幕領時代、開拓使時代、三県一局時代、道庁時代、という歴史区分は、一般的に「河野常吉以来の伝統」とされている(田端・桑原・船津一九七七、一四九)。また奥山亮(一九六四、三〇‐三)によれば、河野によるこの時代区分は『函館区史』にまでさかのぼる。しかし、一九一五年に始まる北海道史編纂だけでなく、一九一〇年(明治四三年)から翌年に執筆されたとされる『函館区史』と比較しても、歴史区分の精緻さという点を別にして、たんに「本道の主治者を標準として時代別に」区分する(河野一九一一)という点について見れば、やはり高岡の『日本内国植民論』(一九〇四年)が時間的に先行している。

注6　このことから、竹野学(二〇〇九、一九〇)は、「こうしてみると、植民地統治策を論じる植民学とは一線を画したという、従来の北大植民学についての理解には修正が迫られるようである。従来看過されてきたこの議論こそ高岡理論のもう一主柱であったともいえるのである」と述べている。ただし、その主柱とは、民族の「共存共栄」であって、かつての民族撲滅政策への言及はない。

注7　高岡は日本人のブラジルや満州への移民事業についても論じている。この場合も、移民先の先住者との間に民族問題が発生することもありうるが、しかし送出先が日本の主権の及ばない独立国であ

る点で、「移民事業」は内国植民などの「植民事業」とは異なる。したがって、移民においては、先住民族は「撲滅」の対象ではなく「共存共栄」のパートナーとしなければならない（たとえば、高岡一九三二など）。

その後、満州に関しては、移民と植民の明確な区別をなさず、国際的な植民事業の一環として論じている場合もある（高岡一九三八）。独立国という建前が空虚だったことの現われとみなせるだろう。

注8　高倉は一九七二年の新版で、この引用部分の直前に以下のような文章を挿入し、見解を補強している。

「北海道旧土人保護法の制定は、最早植民政策中の異民族＝土人政策ではなく、その結果母国社会に吸収した原住民がそれに不慣れなために被った打撃から如何にして守り、有力な一員に育てて行くかを問題とし、その解決を図る社会政策であって、土人政策の終末であり、補完である」（高倉一九七二、五五〇）。

注9　その結果、一九八二年に刊行された『北大百年史―通説』では、高岡熊雄は「北海道農政」の研究者として説明されることになる（崎浦一八八二）。そこでは、ドイツに留学した高岡が「プロシア国内におけるポーランド人の政治的、経済的勢力をそぐ目的で」立案された「内国植民の中に、新開地北海道と類似した課題を見出した」としながら、「北海道と類似した課題」の具体的内容にも、またアイヌ民族の存在にも触れられず、かわって地主たちが高岡の提言への抵抗勢力としてあげられている。

第四章　開拓の歴史

一　「植民」から「開拓」へ

民族問題の消滅

『アイヌ政策史』を刊行し、民族問題を封印した高倉新一郎は、その後一九四七年に『北海道拓殖史』を公にする。

北海道拓殖史は、高倉が「多年志しつゝあった研究対象の一つ」にほかならなかった。かれの父母は北海道への移住民であり、かれ自身、開拓の歴史の中で育った。しかも、資料さえほとんどなかったアイヌ民族研究とちがって、北海道帝国大学は「明治八年札幌農学校として誕生して以来其歴史的発展に指導的役割をとり、それ（北海道開拓）に関する豊富なる資料と研究とが集積」されていた（高倉一九四七、序一）。アイヌ民族の「同化」を見きわめた後の高倉の主題は、植民から開拓へ、アイヌ民族から和人へと転換する。

高倉はもともと植民政策の視点からアイヌ民族を研究していた。[注1] 植民政策として論じられるかぎり、そこには必ず原住者の存在が前提され、植民者が原住者とどのように対峙するかが中心的課題とされる。たとえば、一九三六年に書かれた文章で、高倉は次のように述べている。

「一民族が新しい土地に向って植民的活動を開始した時、〔…〕多くの場合、そこには若干なりとも風俗習慣を異にする先住民族を有するのが常である。こうした場合は、先住民族の権利を無視して母国人の利益だけを守るということは許されず、でき得る限り先住民族の権利を尊重して、その福祉を害することがないように努めるのが植民の理想でなくてはならぬ〔…〕」（「アイヌの漁猟権について」一九三六年（高倉一九六六、一六四））。

しかし、話題の中心が植民から拓殖に変わると、民族問題は議論の対象からはずされることになる。

高倉によれば、「拓殖とは拓地殖民の略で、未開地を開墾し人民を移し植えること」である。「拓殖とは、必ずしも農業的開発のみを内容とし、農民の移民のみを目標としてはいないが、それを基礎とし要件としていることは議論の余地がない。／故に我が北辺即ち北海道・樺太拓殖史の中心となるところのものも、此地に対する農業者の移住、それに伴う農業的開発過程であらねばならぬ」（高倉一九四七、三）。「拓植」とは「農業者の移住」と「それに伴う農業開発過程」であって、とくに原住者に対する政策は含まれない。

民族問題の有無こそ、「植民」から「拓殖」を切り分ける指標なのである。注2

拓殖の条件

このことは、高倉があげる拓殖適地の条件からも確認できる。その条件は三つあるとされる。

一つは気候が農業に適し移民の定住が可能であること、二つめは多量の農業移民を可能にするため移民の送り出し地から近距離にあること、そして、三つめの条件として、民族問題が存在しないこと、があげられているのである。

「更に是等の自然条件の外に、先住民の政治的・経済的・社会的勢力が之を不可能ならしむる程強くあってはならぬと言う人的条件をも必要とする」（高倉一九四七、三）。

拓殖が行なわれるためには、これに抵抗する原住者が存在してはならない。原住者が存在し、原住者への政策が必要であれば、拓殖は不可能である。民族問題が消滅し植民政策が不要になって、あるいは、もともと民族問題の生じない場所にあって、はじめて拓殖は開始される。

高倉は、北海道と樺太[注3]がこれら拓殖の条件を満たしていると考えた。とくに三つめの民族問題について、かれは次のように説明している。

「政治・経済・社会的方面から見ても、先住民族であった蝦夷は、原始林中に散在して漁猟生活を営む未開人で、その数も少く、集団も小さく、政治的に大きな勢力を持つに至らなかったのは勿論、経済的にも能率が低く、到底農業民たる移民の敵ではなかった。而も性質が温和で、故なき紛争を好まない民族であったので、移民を阻止する程大きな要因とはならなかった」（高倉一九四七、六）。

原住者であるアイヌは、「未開人で」「数も少なく」「移民の敵」とはなりえなかった。だから、農民の移住も妨げられなかった。ようするに、北海道にも樺太にも民族問題は存在しなかった、というのである。

この点が、台湾、朝鮮、満州など他の植民地との決定的違いであった。これらの地域と異なり、北海道の拓殖は「その以前に既に農耕生活に入って高度の文化を持った住民との協力及び競争がなかった」。「従来の文化関係を殆んど無視して、移民の最も欲する形を自由にとり得た」のであり、「北海道の拓殖は寧ろ自然との戦であった」（高倉一九四七、序三）。

このようにして、『アイヌ政策史』において「植民」として語られてきた北海道の開発は、『北海道拓殖史』において原住者と対峙しない「拓殖」として語り直されることになった。[注4]

「開拓」「拓殖」「開発」

高倉によれば、「拓殖」は「開拓」の一形態であり、両者はほぼ同義である。北海道を「開く」活動一般が「開拓」であり、それはある時期「拓殖」と呼ばれ、また別の時期には「開発」と呼ばれることとなった。

これらの共通する要素は、それらがすべて「自然」とのたたかいであり、自然を変形する行為だという点である。「開拓とは、自然のままにある土地に人間が永住し、繁栄する世界をつくって行くことである」（高倉一九九六a、四九一）[注5]。そのためには、自然の威力を抑え、また自然のままで眠っている資源を発見し、利用に供さねばならない。

徳川幕府が蝦夷地経営に着手したとき、この施策を「開国」と呼ぼうとした。しかし、鎖国を方針とする当時の体制下では、外国との通交を意味するかの誤解を生じるおそれがあった。そこで幕府は、蝦夷地経営を「開拓」と呼びならわした。この呼び方が明治以降にも持ち越され、新政府の北海道政策のために開拓使が設置されることとなった。

しかし、開拓使が廃止され、三県一局時代をへて北海道庁へ移行すると、為政者は「拓殖」を唱えるようになる。資本主義体制が定着しはじめた当時の日本にあって、急速に増加しつつあった失業者対策として、新しい産業を興すことが重要となった。そのために北海道の「未開地」を伐り拓き、これを農地として移民に分割することで、新しい社会をつくり産業を興すという政策が、積極的に推し進められたのである。「土地を拓き、民を殖やす」、すなわち「拓地殖民」政策にほかならない。この言葉が省略され、「拓殖」が道庁による政策として用いられるようになった。

その後、第一次世界大戦を経て日本経済の資本主義化が深まると、農業だけでなく、森林、地下資源、水資源などの資源開発が重要になる。それに応じて農業を中心とする拓殖だけでは不十分となった。とくに第二次世界大戦の敗戦をきっかけに、各種産業の調和的な発展を期す意味で、北海道の「総合開発」ないし「開発」がスタートした。その中心は、しだいにエネルギー資源の開発へ、農業化より工業化へ、そして未開地域の開拓より「後進」地域の「先進」地域化へと移っていった。

このように「開拓」「拓殖」「開発」は、言葉は異なっていても、「北海道を開く行為の唱え方の変化」であり、幕末以来の「北海道開発の歴史的段階を物語るもの」なのである（高倉一九九六a、四九一-四）。

これらの用語の変遷は、一八七二（明治五）年からはじまる開拓使一〇年計画、明治末から大正期にかけての二期にわたって実施された北海道拓殖計画、さらに戦後一九五二年からの北海道総合開発計画といった施策に対応している。

「殖民」と「植民」

ここで「殖民」と「植民」との関係についても触れておきたい。

札幌の農学校から北海道大学へいたる変遷にあたって、「殖民学」と「植民学」の二様の表現が用いられてきた。「殖」と「植」は辺が異なるだけで、一見同じ系統の漢字のようにも見えるが、「殖」は「殖やす」を、「植」は「植える」を意味する、もともと別の文字である。

「殖民」も「植民」も、当初は欧米語の翻訳のために用いられるようになった。新渡戸稲造によれば、明治時代すでにどちらが適切かといった議論があったという。「殖民」はおもに公文書などで用いられ、「植民」は私的な議論で使用された。佐藤昌介は国内の農民人口問題だけでなく欧米の植民論を論じるさいも「殖民」を用いたが、これは官製の用法にそったものだった。いっぽう新渡戸は、「一般の活力」をあらわすとして、「植民」を好んだ（新渡戸一九一二）。

高岡熊雄も当初はドイツ語の「Kolonisation」の訳語として「殖民」をあてていたが、しだいに「植民」を使うようになる。その後は「植民」が欧米由来の植民概念をあらわすことばとして一般的に流布するようになった。欧米の植民概念、とくにプロシア流の植民は、前章でみたように、農業人口政策など社会的・経済的側面とともに、原住者対策を含む政治的・民族的側面を含むものと理解されていた。そのため、ポーランドが独立し、ドイツの内国植民政策から民族問題が消失した後、高岡熊雄がこれを本来の意味で「植民」と呼べないと述べたことは、前に見たとおりである。

しかし、その一方で、北海道の歴史が「植民」でなく「拓殖」として語られることで、「殖民」も生き延びることになる。「拓殖」は「拓地殖民」の略語とされ、北海道庁などの公文書で「殖民」が用いられ続けたからである。一八八六年以降本格化した「殖民地選定事業」にかかわる諸文書、たとえば一八九一年の『北海道殖民地撰定報文』、一八九六年の「殖民地撰定及び区画施設規程」などは、その典型である。

とはいえ、この場合の「殖民」は、もはや欧米流の「colonization」ではなかった。それは、開拓に適した土地を撰定し、それを移民たちに分配し、移住者の数を殖やすことであって、あくまでも民族問題を欠いた、「拓殖」の範囲内での「殖民」であった。「植民」と「殖民」を意図的に使い分けたケースも見られる。高倉の『北海道拓殖史』はその一例である。そこでは、拓地殖民の一過程としては「殖民」が、いっぽう松前藩や江戸幕府直轄時代からの蝦夷地経営については「植民」が当てられている。

別の文脈から事例をひろえば、北大の研究は「殖民学」であって「植民学」ではない、という言い方がしばしばなされてきたことも、この使い分けの一例と言えるだろう。それは北海道大学の植民学が政治的・民族的視点を欠き、開拓政策や移民政策にのみ注力していたという批判にもとづく言い方だった。

とはいえ、こうした漢字の使い分けが専門的に確定され、公式に受け入れられたわけではない。「拓地殖民」の意味で「植民」があてられる場合も、また「colonization」に「殖民」を用いた用例もないわけではない。両者の区別は完全に一貫したものでなかった。

本書では、本文においては、原則として「colonization」に対応する意味で「植民」を用い、「拓地殖民」の意で「殖民」を用いたが、引用部分については原著者の用法を尊重したので、この限りではない。

歴史の接続と切断

さて、話をもとにもどすと、「北海道」の歴史は、アイヌ民族に対する植民の歴史から、和人による開拓の歴史へと読み替えられた。しかし、開拓の歴史が自然を伐り拓く歴史であるとすると、その中にアイヌ民族の占める場所はないことになる。開拓史ないし拓殖史には原住者の居場所がない。新しい開拓の歴史と、それまでの植民の歴史とはいったいどう接合されるだろうか。「開拓の歴史」は、はたしてアイヌ民族の存在と論理的整合性を保てるのだろうか。

高倉の文章には、古代から近代までを一括して「北海道史」とみなすものもある。たとえば、考古学者を聞き手とした講演である一九四九年の「北海道史について」では、文献以前の時代から歴史が説き起こされ、蝦夷ヶ島以来の歴史がアイヌ民族の活動も含めて、「北海道の歴史」として説明されている（高倉一九九五a、一八三 - 九四）。

しかし、当然ながら、このような語り方では北海道史を開拓史として説明できない。そのためには、どこかで植民の歴史と開拓の歴史との区別が必要となる。

前章でみたように、『アイヌ政策史』では植民の終了が宣言されていた。明治三二年の北海道旧土人保護法の成立をもって、アイヌ民族の和人への同化はほぼ完了し、政府の政策は植民政策上の民族政策から貧困対策としての社会政策に移行したとされていた。同じ見解は、『北海道拓殖史』でも表明されている。同書の結論部分で高倉は、「原住民の割合は旧くから最早問題でなくなった」と述べている。アイヌ民族は、「急激に同化されて、その最早北海道樺太全体の社会・経済に何等の影響を与へてはいなかった。北海道に於ては既に明治初年全く平民同様になり、唯事実上の差をうずめるために、例へば『旧土人保護法』等を制定したが、今日では殆んど空文に等しい」。この状況は樺太でも同様であり、「かくて北海道も樺太も次第に植民地としての特色を失ひつゝあったのである」（高倉一九四七、三〇五）[注6]。この二書では、植民の終了および拓殖への転換を北海道旧土人保護法の成立前後としていた。

実際、『北海道拓殖史』では、第一章「緒論」の後に第二章「拓殖前史」が置かれ、第三章以後で説明される拓植以後の歴史と明確に区別された。「拓殖前史」では、蝦夷地にアイヌ民族が居住し、和人による植民活動がおこなわれたことが述べられている。そして、当初の商業植民地から搾取的植民地への転換が説明され、その状態が明治十年代まで続いたと説明されている[注7]。多少の時間的な幅はあるが、おおよそ結論部の説明と整合的な記述である。

しかし、開拓のはじまりについては、これと一致しない。開拓はすでに一八世紀から始まっていたとされている。植民と開拓は時間的に長い重複期間を持つことになる[注8]。

蝦夷地の歴史と北海道の歴史

また高倉の語り方には、北海道開拓の歴史を植民の歴史から一時点をもって判然と切り離すものも見られる。たとえば一九五九年に刊行された『蝦夷地』では、開拓以前を「蝦夷地の歴史」と呼び、「北海道の歴史」と区別している。

「蝦夷地とは蝦夷によって占拠された地方」であり、具体的には「蝦夷ヶ島」ないし「蝦夷ヶ千島」と呼ばれた地方のうち「和人と呼びならわされている大和民族によって占められていて、当時松前と呼ばれ陸奥国に属していた部分を除いた」部分である。この「蝦夷地の歴史は、文明が未開社会を襲った時に起った近世の大発見時代以後の世界史の一断面であると共に、建国以来絶えず北進を続けて来た日本史の大切な部門、殊に正史では扱われなかった辺境史である」。

そして、この蝦夷地の歴史は明治二年をもって閉じる。「明治二年（一八六九）八月十五日、明治政府は松前蝦夷地を改めて北海道と称し、十一箇国八十五郡に分け、蝦夷と和人の差別を撤廃すると、蝦夷地の名称は全くなくなってしまった。したがって、ここに取扱う時代も、この事件を最後とすべきであろう」（高倉一九九五b、二〇一‐五）。

このような確認の後、この時点を画期として、あたらしい歴史すなわち北海道の歴史が語られる。明治二年九月、開拓使が札幌に移り内陸の開拓を進めると、「このときを画して文明が北海道のすみずみにまでおよぶこと」になった。「北海道の真の開拓はこの一〇〇年間に行なわれたといっても過言ではない。換言すれば、北海道の歴史はこの一〇〇年に結集しているともいえるのである」（「北海道百年の歩み」一九六六年、高倉一九九六a、四九一）。

このようにして、「文明が未開社会を襲った」植民の歴史は、明治二年をもって「北海道の歴史」「真の開拓」へと転換することになる。[注9]

開拓と先住民族

しかし、このような歴史の分断を認め、二つの歴史の転換を説いたとしても、理論的になお不整合が潜んでいないだろうか。たとえ植民活動が終了したとしても、過去に植民地だったという ことは、未開地の開拓あるいは自然との戦いという観念といぜんとして矛盾していないだろうか。

かつて植民地だったということは、そこに原住者が居住していたということである。人々の暮らしがあったとすれば、一定の文化があったはずであり、純然たる未開の自然はありえない。アイヌモシリ（北海道のアイヌ語名、「人間の静かな大地」の意）にはアイヌ民族の生活があり、文化があった。「未開」というのは植民者にとっての未開、つまり農耕民族である和人にとっての「未開」でしかない。

したがって、たとえ原住者がすでに「移民の敵」となりえなくなっていたとしても、「植民」の後になされるかぎり、開拓は純粋に自然を切りひらく作業ではありえない。それはむしろ原住者の生活空間を別の形の生活空間に転換する作業である。土地に対する一つの利用方法を廃して、別の利用方法に置き換えることにほかならない。北海道にあっては、アイヌ民族が狩猟や採集に利用していた土地を、畑や牧草地へと転換する作業だった。イオル（伝統的生活空間）を破壊して農村を作り出すための労働である。

このことは、北海道の農地化が進むにつれて、アイヌ民族が生活の糧を奪われ、生存の危機に瀕することとなった点からも確認される。「未開」と呼ばれた土地には、すでにアイヌ民族の生活があった。開拓はこれを「自然」とみなすことでスタートした。民族と民族、文化と文化の抗争が歴史から削除されることになる。

原住者が存在し、そこで生活を営んでいた時期があるにもかかわらず、なお「開拓の歴史」を語るとすれば、原住者の存在を否定するしかない。「開拓の歴史」はアイヌ民族の不在を前提に成り立つ歴史観なのである。

自然としてのアイヌ

この未開の開拓と先住民の存在との矛盾を、高倉自身がある程度見抜いていた様子もうかがわれる。たとえば、一九五六年の『北海道小史』に収められた「北海道開拓と自然調査」では、「北海道の歴史の特徴はそれが開拓の歴史であるということである。即ち人類が自然を征服して、そこに生活を向上繁栄して行った歴史である」という説明の一方で、北海道に「蝦夷と呼ばれた今日のアイヌの祖先」が存在したという事実が確認されている。では、両者の折り合いはどのようにつけられるのだろうか。

それは、先住民族そのものを「自然」の一部とみなすことにあった。

「蝦夷は自然経済を営んでいた。大部分の蝦夷は自然の生産力に協力することなく、ただ自然の与えるものを採取使用していたのである。〔…〕そこには自然に順応する生活はあっても、自然を駆使して自らの生活を栄えしむることは出来なかった」(高倉一九五六、五二-二三)

蝦夷は自然経済を営んでいた。自然に順応はできても、これを駆使することはできなかった。蝦夷そのものが自然の一部にほかならない。結局、開拓以前の北海道は、そこに暮らしていた人間も含めて、すべてが未開の自然だというのである。原住者を、文化や歴史をもつ民族と認めず、自然の一部に含めることで、話の整合性を保とうとしている。

その上で、和人の入植とともに、「歴史」が始まることになる。

「そしてその蝦夷が百年程前迄は北海道の大部分に主として存在していたとすれば、北海道は全く未開のままに放置されていたのである。それを伐り拓いて今日の北海道にしたのは実に大和民族の力であった。故に北海道の歴史は開拓と共にわが国史の一部に入って来たのである。〔…〕とすれば、北海道の歴史は開拓史なのである」（同、五三）。

一九四九年に出版された『私たちの研究　北海道の歴史』でも、高倉は次のように説明している。

「アイヌの祖先」は北海道の「最初の住民」ではあるが、それは「原始の姿」をした歴史以前の存在にすぎない。「やがて日本民族によってこの地が開かれ、日本民族の手によって、北海道の歴史がつくられるように」なるのである（高倉一九九五a、五五‐六三）。

植民と開拓という二つの歴史が継ぎ合わされるのでなく、ここでは開拓以前が歴史から消去されている。原住者の生活も、植民の活動も、そもそも歴史ではない。そこは「自然」という、歴史以前の空白であり、北海道の「歴史」はその始まりから「開拓の歴史」なのである。

アイヌ民族そのものを「自然」の一部とみなすことで北海道「開拓史」の整合性を保とうとする説明は、その後もたびたび繰り返されることとなる。[注10]

開拓史としての北海道史

さらに、「開拓の歴史」は、しだいにこの空白部分までおおうことになる。幕府による北海道開拓の試みがあったにせよ、これまで本格的な開拓の歴史は開拓使が設置された明治二年をもって始まるとされていた。しかし、しだいにそれ以前の時代も、北海道の歴史に組込まれていくことになる。開拓以前は蝦夷地の歴史でも、あるいはまた歴史以前の空白でもなく、北海道の歴史の一部、つまり開拓の歴史の一部だというのである。

その説明によれば、蝦夷地に侵出した和人社会が一定のまとまりをもったときから、日本民族の歴史としての北海道の歴史が始まった。この歴史は、武田信広がコシャマインを撃退し蠣崎《かきざき》家が移住者社会を平定した時代にまでさかのぼることができる。こうして、「〔…〕日本民族は、松前地方を足場にして、北海道の歴史をつくることになった」（高倉一九九五a、七三）。この時からすでに開拓の歴史が開始されたというのである。

この拡張された開拓史観は、高倉の後を継いだ林善茂にも引き継がれた。林もまた、北海道の開拓ないし開発が明治以来の一〇〇年間だけでなく、それ以前の時代にまでさかのぼると説明した。林にとっては、かつて植民の時代とされ、後に歴史以前の「自然」とみなされた時代も含めて、すべてが開拓（開発）の歴史の一部なのである。

「〔…〕厳密な意味での北海道の開発ということになりますと、すでに道南地方、函館や松前地方は三〜四〇〇年の歴史、あるいはさらにさかのぼりますと、七〜八〇〇年の歴史を持っているわけであります。必ずしも、この一〇〇年だけが北海道の歴史ではありません」（林一九七一、九 - 一〇）。

林は、「原住民であるアイヌ」と和人との間に生じたトラブルや、場所請負制度のもとでの「日本人のアイヌに対する苛烈な搾取」などについても語るが、それらもみな「植民」でなく「開拓」のうちに含める。

「だから本当の意味での開拓のパイオニアともいうべき人たちはそういった人たち〔鎌倉時代に北海道に渡った強盗や海賊などの罪人〕なんです」（同、一〇）。

北海道の歴史はこうして開拓の歴史一色に塗りつくされた。「植民」は「開拓」によって覆い隠され、歴史の視界から消しさられた。

二　開拓の中のアイヌ

同化の姿

では、「植民」が「開拓」に置き換えられたことで、アイヌ民族はどのように記述されることになるだろうか。植民政策の対象でなくなり、開拓の中に紛れこんだアイヌ民族は、いかなる存在とみなされたのか。

北海道旧土人保護法の制定をもって植民政策上の民族政策が終了したと断言した高倉新一郎は、「同化」の途上にあるアイヌ民族の様子をしばしば描写している。そこでは、かれらは北海道「開拓」の一つの情景として、「進歩」に乗り遅れ、時代に取り残された人びととして、描きだされている。

たとえば、一九四二年に刊行された『北辺・開拓・アイヌ』に収録された「コタン漫筆」と題された文章で、高倉はそのころのコタンの様子を次のように書き記している。

人びとが「原始の姿」を求めてコタンを訪れても、北海道旧土人保護法によってアイヌの生活は漁猟生活から農耕生活へ移行し、アイヌのコタンは「今やその周囲を包囲し尽した移民の部落と何ら異る所がない」。人々の服装も和人たちと大差なく、特徴的な髪形や髭や入墨もほとんど見られなくなった。日本語を理解しない者もほとんどいない。「コタンはだからもう昔のコタンではない。外見上はコタンの生活も、附近の農村の生活も変らなくなっているのだ」。「だからコタンの生活を視察して所謂アイヌを知らうとすることは、もはや大部分の場所に於て困難となっている」。

とはいえ、アイヌが完全に和人と同一化したというのではない。「コタンに入って充分に踏込んだ調査が許されると、かうした一致はただ形の上だけで、本質的な差異のある事がまざまざと解る。それは私達と彼等との心の動きの相違である」。その違いは、家屋の内部の中にイナウ（木製の幣束）が立てかけられていたり、祭祀用の道具が並べてあったり、窓に面した片隅にヌササン（祭壇）が置かれていたり、といった外面的な違いだけでなく、「話をしても一応のところまでは通ずるが、少し立ち入った事になると意志の通じない」ように、「日本の言葉が未だ充分に彼等の思想と一致しない」、「彼等はたゞ言葉を言葉として受け取っているに過ぎない」という内面的違いであった。アイヌたちは、「善良な水田百姓になりきっているもの」であっても、ちょっとしたきっかけで「全く祖先の昔に帰ってしまふ」というのである。

しかし、こうした心の動きもやがては失われて行くものであり、このことを嘆く者はだれもいないだろう、と高倉は論じた。「それは亡び行くのではなくして、新しい生活の誕生を意味するものだからである。私達の憂ひは古いものは不信を以て捨てられ、新しいものが真の理解を持たぬために生ずる動揺」なのである（高倉一九四二b、六五 - 七四）。

同化と差別

また別の文章で高倉は、アイヌ民族への差別について、同化政策についていけないアイヌ民族側の問題に起因すると断じた。「アイヌ」の名称が差別的・侮蔑的な含意を持つようになったとして、ひとりのアイヌ青年がその使用の廃止を陳情したという話を取り上げ、高倉はおよそ以下のように論じた（高倉一九四二b、七八 - 八九）。

もともと「アイヌ」は「蝦夷」のような侮蔑的な言葉ではなかった。とくに、明治維新後の四民平等によって、アイヌは完全に日本人の内にとり入れられた。法律上アイヌを差別する何ものもなくなった。「理論から行けば」この段階でアイヌ民族に対する差別は完全に除かれるはずだった。[注11]

しかし、社会的にはそう行かなかった。「日本人さへ面喰った経済上の急激な変化、殊に漁猟経済から一足とびに資本主義的経済まで飛上った北海道の発達」に、アイヌはついていけなかったのである。「彼等の経験は、智能は、是に対して余りに無力だった」。

そこで、再び和人との区別が必要になった。その結果が「旧土人」という名称の使用である。この名称があらわすアイヌの姿は、「移民の作った文化に合流し切れない而もその固有の生活様式は持ちつゞけられない、あはれな姿だった。文明人の自負はこの姿を、一方にあわれむと共に一方に嘲笑した。而も自分の固有の姿を失ったアイヌは、自分の道徳標準も、自己の矜持すらも失って、その嘲笑に甘んじた」。その結果、「アイヌ」も「旧土人」もともに差別的用語となったのである。

その上で高倉は以下のように断定する。

北海道旧土人保護法が制定されて四〇年ちかく経つにもかかわらず、多くのアイヌはいぜんとして従来通りの生活を続けている。アイヌは開かれた門戸を前にしても新しい生活に乗り出さなかった。「アイヌ」の呼称に差別的な意味をふくませたのは「アイヌ自身にも罪がある」。差別的な意味合いは「言葉の罪ではない。事実さうなのである。名の問題ではない体の問題なのだ」。だから、「アイヌ」を「ウタリー（同胞）」と呼び換えても「嘲笑されねばならない態度」をとっている限り同じことだろう。

「あわれな」アイヌ

このように高倉はアイヌ民族への差別の原因がアイヌ民族側にあると論じた。北海道旧土人保護法がアイヌを和人から区別しているのは、その必要があるからであり、この法律が存在するかぎり、差別的・侮辱的な響きはなくならないだろう。言葉でも和人でもなく、「無自覚な生活、無批判な自己卑下」といったアイヌ自身の態度が、アイヌの呼称に侮蔑的意味合いを植えつけているというのである。であるから、アイヌと呼ばれることを怒り、その使用の廃止を訴える前に、こうした事実を知って、新しい日本国民として侮辱されない存在になるべきである。こう高倉はアイヌたちを叱責した。

それだけでなく、高倉はアイヌ民族と和人との差異をしばしば浮かび上がらせ、アイヌの「あわれな姿」を強調した。同情の素振りを通して、つねにアイヌを醜く汚れたものとして描きだしたのである。

たとえば、第二章でも見たように、学生時代に故郷で出会った出来事がアイヌ研究を志すきっかけだったことを、高倉は繰り返し語っている。その時、子供たちから石や「馬糞」を投げつけられ、からかわれていた老女は、高倉によれば「みにくい老婆だった」（高倉一九六六、三）。同じときに高倉が訪問したアイヌ・コタンも、「あんなひどい所はない」と言われた貧村であり、訪れた家は「畳道具が一つもなく、窓硝子が失われ、床には二寸ほど塵がたまっていた」（同、一三）。あるいは、晴れの場に盛装であらわれたアイヌの老婆を「妖気さへ感じられます」とあざけり、なかば和人化したアイヌ女性を「如化物」と形容した山崎半蔵『東蝦夷紀行』をたびたび引用しただけでなく、和人風に着飾ったアイヌ女性を「グロテスク此上なし」とからかった（高倉一九四二b、三四、四〇、さらに八一–二など）。

同様な描写はまだまだ数多くあげることができる。[注12] 高倉自身もまた、「文明人」の一人として、アイヌ民族を「一方にあわれむと共に一方に嘲笑」していた。先に見たように、結城庄司はこの

高倉の態度を、同情を装って実はアイヌを冒瀆していると批判した。注13

風俗の保存

高倉からすれば、こうした「あわれむべき状態」を脱することこそ、アイヌにとってだけでなく、「日本国」にとって幸福なことである。

「彼等が真に日本化し、所謂アイヌなるものが社会的に消えて了った時、アイヌの生活は真に幸福であり、その前途は祝福され、日本国は又幸福になるのだ。この理想に逆行する凡ゆるものは之を排斥せねばならぬ」（高倉一九三六、二五）。

「アイヌなるもの」が消滅することで日本国が幸福になる。このことは、アイヌ民族の数千年の経験がまったく無意味だということではない。高倉は「是を頗《すこぶ》る尊く思ふ」と述べ、アイヌ民族の経験を「正しい形」で保存することが北海道の学徒に課せられた任務であり、「それに微力を注いで居る」と語る。

しかし、高倉によれば、「アイヌの風俗を研究し、是を保存する事」と「アイヌそれ自身を保存する事」はまったく別の事柄である。アイヌを保存してもアイヌの風俗は残らない。いっぽうアイヌが民族として滅びたとしても、アイヌの過去を再現する資料は残すことができる。「アイヌ種族」が滅びても、学術研究は永久に残る。そうした研究の一例として、高倉は小金井良精の人骨収集や金田一京助のユーカラ研究をあげた。

そのうえで高倉は、「北海道にアイヌの風俗を歴史に語るに足る権威ある博物館」を開設する必要性を説いた。それは「所謂土人を食物にする輩の経営」にかかる「土人風俗陳列館」の類ではない。こうした施設を高倉は激しく批判し、禁止するよう要請している。またアイヌ博物館を地方に設置すると、そこにコタンがあったことを証明するようなものである。「土人の融和」にとって障害となるから、博物館はアイヌ部落と無関係な札幌に大規模に設置すべきである、とも論じた（高倉一九三六、二五‐六）。

要するに、高倉新一郎はアイヌ民族よりもアイヌ研究を採った。アイヌ民族の消滅と引き換えに研究の永続化を唱えたのである

開拓者精神

このようにアイヌを「嘲笑する」いっぽうで、高倉は和人開拓者たちの苦労をたたえ、その功績を称賛した。たとえば、「開拓の苦心」と題された一文で、開拓を自然に挑む果敢な戦いとして英雄的に描きだしている（高倉一九四二b、一七一）。

「開拓といふ事は一つの創造である。それは人間が自然に対して挑む最も果敢な戦である。

勝利の栄光は輝かしいがその戦の苦心は一通りではない。現状に対する正しい認識、未来に対する明らかな見通しの上に周到な計画が樹てられ、そして鉄の様な意志と体力とを以って戦ひ通さねばならない」。

そして、この戦いは祖先から引き継ぐ「我々」の戦いであり、開拓の歴史とは「大和民族」の発展の歴史にほかならない。

「然し我々の祖先は何時もこの戦を戦って来た。そして今も尚ほ北満の野に、南洋の島々に、南米のパンパス地方に、其戦を続けているのである。そして此戦こそ、大和民族発展の歴史なのである」。

たとえば、明治一五年に晩成社を組織して十勝地方に集団入植し、開墾に努めた依田勉三《よだべんぞう》の生涯を、次のように賛美している。

「〔依田の〕一生は開拓精神の具体化であった。逞しい創造力、鉄の如き意志、焼くが如き熱、そして終る所を知らぬ努力、翁の生涯は努力と奮闘の生涯であった」（高倉一九四二b、二一四）。

依田の開墾は、寒さや飢え、バッタの襲来、洪水や干ばつなどによって成功せず、その後さまざまな事業を試みるものの、ことごとく失敗に帰した。しかし、それは「余りにきゝ過ぎた〔依田〕翁の先見故」なのであり、「農国十勝はこの偉大な先駆者を持った事を心から誇ってよい」というのである。

高倉はその後も「開拓農家の血もにじむ困苦と耐乏の生活」を語りつづけた（高倉一九九六a）。こうして、みずからの怠惰のゆえに差別と嘲笑にさらされるみじめなアイヌと、数々の困難に立ち向かう誇り高き開拓者という、明白な二項対立的図式が生み出されることとなった。

この「開拓者精神」は昭和一〇年代に満蒙開拓移民の模範的精神として強調されたという（榎本一九七六、九‐一三）。さらに、太平洋戦争後、北海道百年記念式典にあって、その精神の継承が説かれることになる。高倉はここでもまた流れの中心にいた人物の一人だった。

北海道百年

一九六二年一月、北海道庁は「全道民あげての事業として」北海道の開道百年記念事業を企画した。これを実施するために、開道百年記念事業準備委員会が設けられ、「民間有識者」や「道政モニター」などから意見聴取しつつ百年記念事業の基本的方針が定められた。一九六五年九月には、記念事業計画を審議するために、北海道知事を会長として開道百年記念事業協議会が設けられ、さらに計画の具体的検討のための小委員会が設置された。この小委員会の委員長は高倉新一郎だった。

小委員会の検討結果は同年一一月三〇日の第二回協議会に報告され、記念事業の基本的考え方が説明された。そこには北海道百年が北海道の開拓を記念する事業であることが明確に述べられている。北海道が国民経済における重要な位置を占めるようになったのは、「過去一〇〇年にわたる北海道の開拓を進めてきた先人の労苦のたまもの」であり、「百年を記念するにあたって先人の労苦のあとを道民がひとしく銘記し」、北海道の開発に役立てることが重要である、というのである。

計画を実行するために五つの留意点があげられ、その一番目として、「記念事業は北海道開拓の歴史を回顧し、開拓の偉業を記念する」ものであることが確認された。この報告にもとづいて記念事業の実施方針と準備計画が策定され、実施に向けた準備が進められた（一九六六年三月）。

一九六八年九月二日、札幌市円山陸上競技場を会場に、天皇・皇后の出席のもとに北海道百年記念式典が挙行された。

式辞の中で当時の北海道知事町村金五は、明治二年に開拓使が「開拓の大業」を興し、先人たちが「酷寒風雪とたたかい、未開の大地にくわをふるった」ことで、「北海道は、めざましい発展を」遂げたと述べ、これを「開拓に挺身された人びとの卓越した識見と不屈の努力のたまもの」と賞賛した。その上で、「青少年諸君」が「不抜の開拓者精神」を継承するよう説き、「五二〇万道民」の代表として、「先人の偉業に深い感謝の誠」をささげ、「輝く未来を創造する決意」を表明した。

式典の参列者は四万人に達したという。またその前日の九月一日には、札幌市中心部で記念パレードも実施された。しかし、賞賛されたのは「開拓」に従事した和人たちだけであり、アイヌ民族への言及はみられなかった。

北海道百年を記念する施設も数多く建設された。札幌市の郊外には二〇〇〇ヘクタールを上回るという広大な道立自然公園がつくられ、その中に高さ一〇〇メートルの北海道百年記念塔と、「北海道開拓の歴史と未来への開発課題を示す諸資料を収集、展示する」ための北海道開拓記念館が建てられた。[注14]

また地方記念施設として、千歳市立支笏湖青少年記念センターなど、北海道各地に一四の施設が設けられた。

さらに、記念行事として、「北海道民のうた」が制定され、記念作文と記念論文が募集され、文化講演会や記念植樹が各地で行なわれた。北海道章と北海道旗が定められ、開拓功労者として、黒田清隆、ホーレス・ケプロン、岩村通俊、永山武四郎（第二代北海道庁長官）の銅像が建立された（以上、北海道百年記念施設建設事務所一九六九など）。

北海道全体が開拓一色に塗りつぶされた。

三　開拓史観

『新撰北海道史』

記念式典と並ぶ北海道百年記念事業の重要な柱は、「北海道の歴史を集大成した正史」の編纂事業だった。

北海道庁による歴史編纂事業は、開拓百年にはじまるものではない。それはすでに大正時代から開始されていた。開拓使設置五〇周年が近づいた一九一三年、当時の地方議会に相当する北海道会は、記念事業として北海道拓殖博覧会の開催と北海道史の編纂を決議した。これを受けて一九一五（大正四）年四月、北海道庁は河野常吉を主任とし道史編纂事業を開始する。[注15]この計画は一九二四年に河野常吉が辞任したため一時的に頓挫するが、[注16]その後一九三一（昭和六）年になって、牧野信之助を編集長とする新体制のもとで再開され、最終的に一九三七（昭和一二）年に全七巻からなる『新撰北海道史』が完成した。

再開後の編纂事業は、北海道帝国大学の研究者たちと密接な連携のもとに進められたとされる。当時、北海道に人文・社会科学系の研究機関は存在せず、歴史学的研究が行なわれていたのは北海道帝国大学の農業経済学教室だけだった。一九三一年の計画再開にあたって、北海道庁は農学部教授の高岡熊雄を編集顧問に「懇嘱」し、農業経済学科助手の高倉新一郎を編纂嘱託として招いた。
北海道庁は一九三二（昭和七）年夏、小・中学校教員を対象とした講習に際して、北海道史をテーマにとりあげ、内地から講師を招いた。期間中「北海道帝国大学農学部経済学教室の中心たる」佐藤昌介や高岡熊雄らは講師たちと会合し、「席上の話題は〔…〕北海道史の編纂達成に関する熱誠なる声援助言を以て始終」した。道庁と北大との関係を『新撰北海道史』第七巻「編纂略程」は以下のように記述している。

「由来北海道帝国大学は本道学芸文化の枢府たるのみならず、北海道庁とは歴史的の関係殊に深きを以て本事業に対しても特に諸般の援助を惜まれざるものなるが、望むらくは全道の官民を挙げて此際特に北海道帝国大学に見らるゝと同じき熱誠を寄与せられんことを切望して止まざるものなり」（第七巻、四四四）。

こうして、北海道庁の主導のもとに、北海道帝国大学の植民学講座の研究者の協力によって、開拓政策の変遷を中心とする北海道史が編纂された。
完成した『新撰北海道史』全七巻は、第一巻が「概説」、第二巻から第四巻までが「通史」、第五巻と第六巻が「史料」、第七巻が「管轄略譜、年表・統計、索引、編纂略程」の構成で、一九三三年から三七年にかけて刊行された。

「通史」三巻では、明治維新以前の数百年間が一巻にまとめられ、いっぽうで開拓使設置からの四〇年余りが第三巻と第四巻の二巻にわたって説明されている。高倉新一郎は主に明治維新以前の史料の収集整理を担当し、第二巻の執筆、第五巻の編集を行なった。

『新撰北海道史』は「従来の北海道史研究の集大成として」「何人もこれに拠らざるをえない」ものとみなされ（奥山一九六四、四二）、「史料的価値のみならず、歴史認識の方法論に於てさえはかり知れないほどの影響力を戦後の諸研究にまで与え」たとされている（榎森一九八二、三九七）。

『新北海道史』

戦後の北海道百年記念事業にあっても、基本的に同じ方針が引き継がれた。編纂の中枢を担ったのは高倉新一郎である。

記念式典に先立つ一九六一（昭和三六）年、北海道の歴史を編纂・刊行する事業が再び企画された。「北海道史編纂審議会条例」が定められ、審議会の顧問二名、委員二二名が選ばれた。委員の中には上原轍三郎と高倉新一郎という、ふたりの植民学講座関係者が含まれている。[注17] 翌一九六二年七月に知事へ答申がなされ、『新撰北海道史』との継続性を維持しつつ、「開道一〇〇年記念事業の一環として刊行される」「権威ある北海道正史」として、新しい北海道史が編纂されることが具申された。

編纂事業は、一九六三年二月に高倉新一郎を編集長（後に総編集長）とし、北海道庁文書課編集係を拠点に開始された。全九巻のうち第一巻が「概説」、第二巻から第六巻までが「通説」、第七巻から第九巻までが「史料」という構成は、昭和を扱う二巻が通説に加えられた点を別にすれば、『新撰北海道史』と基本的に等しい。一九六九（昭和四四）年に第七巻から刊行が始まり、最後に第一巻が一九八一年に出版された。

『新撰北海道史』で編纂の協力者という立場だった北海道大学の研究者たちは、『新北海道史』では編集の中心に位置していた。第一巻巻頭に当時の北海道知事堂垣内尚弘の次のようなことばが記されている。

「斯界の最高権威である高倉新一郎博士に編集の責任をお願いし、大学の教職等にある方々にも御参加いただき、専任職員をそろえて昭和三八年に事業を発足させました」。

編集員には高倉のほか、北大から経済学部教授の林善茂と文学部助教授の永井秀夫が参加した。[注18]高倉新一郎が各巻の巻頭に記した「例言」によれば、高倉は全体を校閲しただけでなく、第一巻の大半（第二次世界大戦終結まで）を執筆した。また林善茂は第二巻と第六巻の構成を担当した。原稿の執筆は編集所員の共同作業で行なわれた。

二つの歴史書は、それぞれ開道五〇周年と一〇〇周年を期に企画され、北海道の歴史を開拓の歴史と捉え、その政策を推し進めた支配者側の変遷にしたがって歴史を記述した。幕末まではいわば前史であり、分量的にも明治維新以後の開拓の歴史の記述がその大半を占めた。基本的に『北海道拓殖史』など高倉の歴史観にそった記述である。[注19]

したがって、アイヌ民族についても、松前藩統治時代や幕府直轄時代までは和人とのやりとりが記述の中心的部分を占めるが、明治維新後はもっぱら和人による開拓が主題となる。明治維新以後のアイヌ民族は植民政策の対象でなく、開拓の流れに乗れない犠牲者、さらに開拓の進展を妨げる「障害」とみなされた。[注20]アイヌ民族に対する和人の理不尽な扱いや明治維新以後の政策の過酷さが批判されたとしても、それはあくまでも開拓政策を進める上での不手際であり、同化政策そのものが根本から問われているわけではない。そして、困窮したアイヌ民族の「救済」は囚人労働などと同様、北海道開拓史上に生じた数多くの社会問題のひとつ、すなわち「アイヌ問題」として説明された（『新北海道史』第三巻、八七八 - 九〇九など）。

これら二つの歴史書の編纂事業において、行政権力と研究者たちは一体となって開拓史観の浸透をはかったといえる。

支配者の歴史と人民の歴史

とはいえ、こうした行政主導の歴史編纂に対して疑問を示し、これと異なった角度で北海道史を描こうとした人物がいなかったわけではない。

たとえば、札幌工業高等学校の教員で歴史研究者だった奥山亮は、一九五〇年に刊行した『新考北海道史』の「まえがき」に、「かつて、札幌の中央に黒田清隆と永山武四郎の銅像がたっていた。開拓に身血をしぼった庶民大衆の大群像をもつかわりに、軍閥と藩閥の像がたっていたところに歴史解釈のさかだちがあった。だからあらゆる北海道地方史もまた〔…〕書かれたものも人民のうごきとはおよそ縁のとおいものであった」と記し、開拓史観とは異なる「新しいかんがえのもとに」北海道史を整理しようと試みた。「新しいかんがえ」とは支配者の歴史でなく人民の歴史として歴史を記述することである。このような観点のもとで奥山は、資本主義を中心とする社会的・経済的体制の移り行きの中で「人民」の置かれた状況を描き出そうとした（奥山一九五〇、五）。

奥山は同書の「北海道史の諸問題」と題された章で「アイヌの問題」を取り上げている。その説明によると、日本帝国主義によるアイヌ保護政策は同化政策であり、「『同化』とはすなわち日本資本主義がアイヌを圧迫し、これを民族としてほろぼしていったところの歴史」にほかならない（奥山一九五〇、一二〇‐一二一）。同化政策は日本帝国主義が朝鮮においても台湾においても採用した政策であり、それは民族の個性を破滅させる政策であって、民族の個性を尊重しあい、より高次の連携を形成しようとするものとは対極に位置する政策である。「八紘一宇」はその歴史的正当化であって、アイヌ民族の運命は「この日本帝国主義の陰惨な政策」の一例である。

奥山によれば、同化政策によって、かつて松前藩と対峙していたアイヌ民族は急速にその力を奪われた。封建時代においては人口希薄な北海道の貴重な労働力として搾取され、明治維新以後、北海道の和人人口の増加とともに近代産業にとって無価値なものとみなされ、「無一物のまま弊履のごとく遺棄されしまった」。しかし、一九二〇年代になると、アイヌ民族の中に民族解放運動が生まれ、「ここにいたってはじめて日本人民とアイヌ人民との提けいが、正しい階級観念の把握の下に成立するにいたるのである」(以上、奥山一九五〇、一九五‐六)。

奥山亮は、高倉と異なり、同化政策そのものに対して批判的な視点を持っていた。この点をふくめて奥山の歴史観は、唯物史観の成果にもとづいて、「従来の『新撰北海道史』や『アイヌ政策史』等の文献の記述・構成を全面的に再編成し」「戦後の北海道史研究、特に方法論や問題意識・分析視角において画期的な新たな問題をなげかける重要な史書」とみなされた(榎森一九八二、四〇七)。

『アイヌ衰亡史』

しかし、こうした奥山の歴史観も、アイヌ民族の運命について、開拓史観と大きく異なるものをうみ出さなかった。一九六六年に刊行された『アイヌ衰亡史』は、そのタイトルからも推測されるように、アイヌ民族の消滅を前提として説明が組み立てられているのである。

奥山は「まえがき」で、同書の目的が「アイヌの現状を正しく認識する」ことにあり、そのために、言語学、考古学、民俗学、人類学などに偏っていたアイヌ研究を改め、経済的、政治的視点からアイヌの歴史を「科学的に」研究することが必要だと述べる。そして、この観点から、アイヌの「衰亡が主として日本人、それも日本商業資本との接触にあったことを平易に叙述し、我々日本人とアイヌ人との今後のあり方に一つの寄与」をなすためにこの本を書いたと主張するのである。「日本人」への批判的視点は見られるものの、当初からアイヌの歴史を「悲史」と形容し、民族の「衰亡」を前提としている点は、原住民族の不在を前提とする開拓史観と異なるものではない。

たとえば、奥山は明治維新以後のアイヌの状況を次のように記述している。明治維新後にとられたアイヌ政策の根本は封建制からの解放であったが、これによってアイヌは「資本主義社会の自由競争のなかにほうり」こまれた。こうした「ハンディキャップは、これはアイヌ自身の責任によるものではない」。しかし、北海道の開拓がすすむと、「アイヌは、量的にも質的にも、全く日本人にとっては問題にならぬ存在」となり、「明治政府にとって、全くやっかいきわまりないものと感ぜられた」。結局、「明治政府の行ったアイヌの解放は、少数民族の自治の尊重でもなければ、保護でもなく〔…〕、日本資本主義社会の中から、このごく少数の異分子をとりのぞこう、同化の名の下に一日も早く消してしまおうとする努力であった」（奥山一九六六、一六二 - 八）。

こうした観点は北海道旧土人保護法の理解についても同様である。この法律はアイヌ民族という異民族の救済策でなく、「資本主義社会中の弱者、貧困者への対策というべきもの」であり、その方針はアイヌを経済的・精神的に日本人化することにあった。その結果、「アイヌは全く日本人一般の中に没入させられることとなった」というのである（二〇六 - 七）。このように奥山のアイヌ民族理解は、民族の同化消滅という点で、基本的に高倉のそれに等しい。結城庄司に言わせれば、「奥山亮の『アイヌ衰亡史』という著書は、近視眼的な史観をあますところなく羅列している面では『侵略史』の悪書の見本のようなものである」ということになる（結城一九八〇、一六七）。結局、「日本人民とアイヌ人民との提携」を説いた奥山亮にあっても、アイヌ民族の同化消滅という理解は変わらなかった。むしろ、資本主義の展開という「科学的」観点と結びつけることによって、この理解をいっそう強化したともいえる。

またアイヌ民族対和人という民族的対立軸を、人民対支配者という階級的対立軸に置き換えたことで、植民地支配下における民族問題をあいまいにしたことも指摘しておかなければならない。階級対立という観点からすれば、アイヌ民族を滅亡の危機に追い込んだのは、植民者でなく「日本帝国主義」である。「人民」であるかぎり、アイヌ民族のみならず和人もまた、一様に帝国主義の犠牲者にほかならない。もちろん、移住民の多くが開拓政策の中で呻吟してきた事実を明らかにするために、こうした観点が一定の有効性をもつ点は認めなければならない。しかし、同時にまたこの理解は、おそらくは奥山も含む多くの和人たちを、植民者としての立場から免責する道を開くことになるのである。[注21]

植民地としての北海道

とはいえ、奥山がふたたび北海道の「植民地的性格」に言及した点には留意する必要がある。

かれは、高倉新一郎と同様に、松前藩による蝦夷地支配を商業植民地的と形容し（奥山一九五〇、四九）、一九二〇年代の北海道経済の沈滞の原因を「植民地的な、独占資本、大不在地主的な産業の構成からくる農業の脆弱性、工業の跛行性」にもとめた（奥山一九五〇、四九、二二〇）。一九五八年に刊行された『北海道史概説』になると、北海道の植民地性はさらに強調されている。北海道史には「植民地であるがゆえに日本資本主義のもつ矛盾〔が〕非常に強く現われている」のであり、「北海道の歴史を通じて、北海道が日本資本主義の植民地としてはたした役割、そこからくる矛盾を究明することは第一階梯として絶対に必要である」と述べられている（奥山一九五八、三六二、三六五）

高倉新一郎は「植民」を封印し「開拓」で覆い隠したが、じつは戦後一九五〇年代になると、奥山にかぎらず多くの、たいていはマルクス主義の影響をうけた研究者たちによって、ふたたび北海道を「植民地」としてとらえようとする議論が活発化する。この新たな植民地論によって、アイヌ民族と和人の関係は問い直されたのだろうか。それは高岡熊雄が唱えた植民論とどのような関係にあるのだろうか。

次章では、この新しい「内国植民地」論争が、戦後の研究者たちのアイヌ民族理解にどのようにかかわったかを検討したい。

注1　一九三三年に『社会経済史学』第三巻第一号に掲載された「天明以前の蝦夷地開拓意見」という論文の「序」で、高倉は内国植民（innere Kolonisation）を植民から除外するという当時の学問的風潮に反論し、徳川時代より北海道が長きにわたって植民地であったことを強調している（高倉一九九五b、五五‐七）。

注2　『高倉新一郎著作集第三巻―移民と拓殖［一］』の解説を担当した大庭幸生は、「いうまでもなく拓殖史は総体の歴史の一部門、特殊史であったが、著者によればいわゆる内国植民、つまり拓殖の歴史が北海道の歴史を貫く根本的な現象の一つであった」と解説し（傍点引用者）、内国植民と拓殖を等置し、『アイヌ政策史』とともに『北海道拓殖史』を植民学研究の成果としている（大庭一九九六、一二三）。しかし、この説明は、本文以下で検討するように、「植民」と「拓殖」の概念的差異とかみ合わない。

注3　樺太に関しては、高岡熊雄の場合、高倉とは異なり、たとえ先住民族の抵抗がほとんどなかったとしても、植民地として扱われたこともある（高岡一九三五）。とはいえ、民族問題が主題として取り上げられているわけではない。

注4　戦後の北海道史研究者たちも、この「植民」から「拓殖」への転換をそのまま受け入れたようである。「植民」と「拓植」との差異は明確に自覚されておらず、「拓植」の研究をもって植民学とみなす記述も散見される。たとえば、一九五五年に発表された奥山亮の文章では、北海道大学農学部に「拓植政策の根本を研究するところとしての農業経済学・植民政策などの講座」がある、と解説されている（奥山一九六四、七九）。

なお、大庭幸生（一九九六、一七）は、この違いに関連して、高倉を次のように批判している。

「〔『北海道拓殖史』では〕拓殖の前提条件の一つとして先住民の勢力がさほど強力でないことがあげられていたが、それについて本節では、先住者たるアイヌ民族の数の少なさ、「同化」・「保護」の進展などによって、先住民族問題はほとんど無くなったかのように断定されている。この結論は『アイヌ政策史』のそれと同じ内容であるが、同書にはそこに至る過程の客観的検討が行われているが、本書では一部を除いて各章節中ほとんどそれがなされていない。そしてその結論に対しては、五十年後の今日のアイヌ史研究やアイヌ民族問題に対する社会的認識の深化等により、学問的にも社会的にも批判があり、その再検討は免れない」。

注5　あるいは、「開拓は自然に対する果敢な戦いである。自然の猛威に任してあった土地に、人間の支配する世界を築いていく第一歩の過程である。北海道開拓史は、実はこの戦いの歴史なのである」（『北海道の開拓と開拓使』一九四七年（高倉一九九六a、三七五））。

注6　それだけでなく、本文での引用につづく部分では、拓殖によって植民地状態が消滅するという記述も見られる。「社会的方面に於ても、北海道・樺太が単に移住地・出稼地ではなく故郷であることを感ずる子孫が次第に社会の中枢を占めつゝある。／かくして行政的にも、経済的にも、社会的にも、北海道・樺太の植民地的性格は次第に失はれんとし、その拓殖史もやがて終末に近づきつゝ、あったのである」（高倉一九四七、三〇六）。

注7　『アイヌ政策史』で「居住植民地」とされた時代についての記述は、『北海道拓殖史』では曖昧となる。この時代は和人の入植が本格化した時代である。これを「開拓」ないし「拓植」の時代と見なすためには、「植民地」としての分類はあてはめがたい。

注8　晩年の文章（高倉一九七八）では、一八五四年の江戸幕府による蝦夷地直轄をもって開拓の始まりとしている場合もある。

注9　一九七一年の文章（「近代日本の形成における探検・開拓の意味」『明治の群像八―開拓と探検』）では、北海道について「植民地の代用品」という形容もしている。すなわち、「辺境北海道」の開拓は、欧米列強との対抗上、急激な近代化のために「当時必要だった植民地を持つことができなかったわが

国にとって、その代用品としての役割を果させるためであった」（高倉一九九六b、四八六）。高倉によれば、北海道は植民地の代用品として、おもに内地に不足する物資の供給、内地の過剰労力の収用という役割を果したとされる（四八八 - 九）。

注10　たとえば、『北海道の開拓と開拓者』一九四七年（高倉一九九六a、三三九 - 四〇）、「北海道の開拓史」一九七三年（高倉一九九六b、四九九 - 五一八）など。

　また、「森林を家とする自然児」であるアイヌは、平和的な民族であって和人に抵抗しようとしなかっただけでなく、土地に「深い執着」をもたなかったために、開拓に必要な土地を「無主地同様に扱っても差支えなかった」という論理も展開されている。『北海道の開拓と開拓者』一九四七年（高倉一九九六a、三七九 - 八〇）。こうして、実際にはアイヌ民族の土地への植民活動を、民族問題を欠いた開拓活動として説明するための地ならしが行なわれていく。

注11　しかし、実際には、アイヌ民族は戸籍への編入後も開拓使によって「旧土人」と呼ばれ、実務上和人から区別され続けた（小笠原信之二〇〇一、三九 - 四二、榎森二〇〇七、三八八 - 九二など）。

注12　高倉のアイヌ蔑視は巧妙である。和人への同化を称賛しているかのように思わせて、こっそりと差異を強調する。たとえば、同化の進展を説明する文脈で、「アイヌの子も和人の子も差別がない」と言いながら、そこに「何処となく身体に合はなかったり、ほころびが縫ってなかったり、汚れていたりする事が多いといふ点を除いては」という注釈をつける（高倉一九四二b、六八）。

注13　ところで、こうした描写の仕方は、時代を経るにしたがって、高倉だけでなくアイヌ民族差別に反対を唱える人々にも広がっていく。

　たとえば、民衆史家の高橋三枝子は、差別の実態が公表されないことが差別問題の「解決への壁を厚くしている大きな要因のひとつ」だと考え、「北海道に生きるウタリの女たちの本当の声を、そして生き方を一人でも多くの人に知って」もらい、「「差別」の実体《ママ》を社会や大衆に向けて証言し、その不合理性を告発し、それへの批判を求める」ために、『続・北海道の女たち＝ウタリ編』を刊行した。その中で、高橋は数多くのアイヌ女性から聞き取りを行ない、その「修羅を生きる」が如き体験や「荒涼とした」家庭の様子を描き出した（高橋一九八一）。

しかし、差別を告発し、差別の解消を意図したと思われるこの著作は、その後、アイヌ民族を含む人々から「糾弾」されることになる。その理由は、触れられたくないプライバシーにかかわる問題を勝手に公表しただけでなく、アイヌに対する差別事例を脚色し羅列することで、アイヌの生活を正しく伝えていないばかりか、かえってアイヌへの誤解と偏見を招き、むしろ差別を助長することになる、というものだった（鈴木真由美一九八三）。

注14　ただし、北海道開拓記念館は二〇一五年四月より北海道立アイヌ民族文化研究センターと統合して「北海道博物館」に改められ、開拓を中心にした展示が見直された。

注15　以下、事業の進捗状況についての記述は、とくに断わりのないかぎり、おもに『新撰北海道史』第七巻の「北海道史編纂略程」にもとづく。

注16　辞任の理由は、北海道庁内部の不正事実まで歴史に記そうとした河野が、当時の北海道庁長官俵孫一と対立したためと言われる（奥山一九五〇、一八、藤本一九八三、一〇四・五など）。

注17　以下、『新北海道史』刊行の事実的経緯については、おもに第九巻に収められた「『新北海道史』編集経過」によっている。

注18　一九六六（昭和四一）年一月時点での編集員は以下のように紹介されている（第九巻、一三四四）。
高倉新一郎（編集長　北大農学部教授）
林　善茂（編集員、北大経済学部教授）
永井秀夫（編集員、北大文学部助教授）
原田一典（編集員、旭川工専講師）

片山敬次（編集員、非常勤嘱託）
深瀬　清（編集員）
永田富智（主事）
小野規矩夫（主事）
大庭幸生（編集員）
永井　信（編集員）
他に事務スタッフ三名（主事および主事補）

注19　たとえば、榎森進（一九八二、四〇〇 - 一）は、「開拓史観」を『北海道はいかなる形で開拓されてきたのか』という基本的課題に支えられ、方法論としては行政サイドから生産力や開拓地の面積の発展・拡大に歴史発展の大きな要因をみいだそうとする歴史観」と説明している。

内藤隆夫（二〇一一、二四 - 五）は、『新北海道史』が「開拓の犠牲者アイヌ」「社会運動」といった項目に一定の紙数を割いていることをもって、これを開拓史観に位置づけることを慎重に避けている。その理由は、たんに開拓の歴史を語るだけでなく、「開拓の進展」とともに生じた問題点を無視あるいは軽視する見方をもって、開拓史観とする内藤の定義にもとづいている。

注20　「こうして、アイヌの北海道経営に対する政治上・経済上・社会上の地位が低下していったばかりでなく、その特殊な存在は北海道開拓のための単に負担となったばかりではなく、かえって障害とさえなった。したがって、開拓使のアイヌ政策も、こうした見地から割り出され、北海道の開拓を円滑に進行するために樹立されたのである」（『新北海道史』第三巻、八七九）。

注21　内藤隆夫（二〇一一、二五）は、社会問題や民衆生活への視点の欠落ないし、注目度の低さをもって、開拓史観の要因としているが、民族問題とのかかわりは特に触れられていない。

第五章　辺境論

一　辺境と内国植民地

植民学の消失

先に見たように、高倉新一郎の研究はすでに一九四〇年代において「植民」から「拓殖」へと移っていた。ちょうど同じころ日本が太平洋戦争に敗戦し、海外植民地が消失するとともに、全国の大学から「植民」の名が消えた。北海道帝国大学にあっても「植民学講座」は「農業経済学第三講座」へと改称された。

この改称は学問の内実に影響を及ぼさなかったのだろうか。あるいは専門研究者たちはこの変更をどう受け止め、どう対応したのだろうか。

少なくとも、植民学者たちが自分の所属する学問領域の「消失」にとくに反対や抵抗をした様子は見られない。高倉新一郎をはじめとする研究者たちは、講座の名称変更をとがめることもなく、「植民」から「開拓」や「総合開発」の研究へと移行していった。これによって、戦後の大学から「植民学」の痕跡は消しさられたかに思われた。

ところが、実際には、一部の学者たち、しかも戦前の植民学と深いつながりのある「農業経済学者」たちの間で、戦後再び「植民地」をめぐる論争が活発化する。北海道は内国植民地であり、植民地としての特殊性を踏まえたうえで研究を進めなければならない、という議論がさかんになされたのである。

「内国植民地」という言葉は、高岡熊雄や高倉新一郎が論じた植民学を連想させる。はたしてこの論争は、それまでの植民学と何らかのつながりを持っていたのだろうか。持っていたとすればそれはどのようなものだったのか。またこの論争はアイヌ民族を再びとらえ、民族問題を回復できたのだろうか。

本章では、戦後に展開された「内国植民地論争」を概観して、一九七七年の北海道大学差別講義事件の背後にひろがっていた学問の光景を浮かびあがらせよう。

なお、以下では、高岡熊雄の議論を「内国植民論」、戦後の論争を「内国植民地論争」と表記して区別することとする。

辺境としての北海道

農林省に勤務した農業経済学者で、後に千葉大学や東京農業大学生物産業学部（北海道網走市）で教えた斉藤仁は、一九五七年に刊行した『北海道農業金融論』の中で、北海道の「辺境性」を指摘した。

一八九六年に成立した農工銀行法により、一九世紀末から二〇世紀初頭にかけて日本国内の各府県に農工銀行が相次いで設立された。いっぽう北海道には、これにかわるものとして北海道拓殖銀行が設立された。前者は期待された機能をはたさず、最終的にすべて勧業銀行に吸収されたが、後者はその後独自の成長をとげた。この違いを説明するにあたって斉藤は、北海道を他府県と異なる特別な地域、すなわち「辺境」として考察する必要性があると説いたのである。

「この場合、北海道がとくに内地府県を一括したそれと対比して議論されていいし、またそうしなければならない理由は、その辺境性にある」。

「〔……〕いずれにせよ、北海道が辺境として存在していたという事実〔……〕は、おそらく正当なものとして一般に承認されうるであろう」（ともに斉藤一九五七、五）。

さらに斉藤は、北海道を「辺境地方の内国植民地」と呼び、この観点から次のように北海道経済の展開を説明した。

「北海道は、日本の資本主義がはじめてそこをみいだしたときには、その大部分の土地がまだ誰の占有にも属さないところの辺境地方として存在した。その後における資本主義の発展は、この地方への移住を累増させ、未墾地の農用地化、未占有地の私有地化を進行させつつ、他方で、アイヌ種族を主たる部分とするおくれた原住種族の国民経済へのとりこみを完了させる。ひとことでいえば、辺境地方の内国植民地としての発展が進行するのである」（斉藤一

九五七、一一）

つまり、日本資本主義の経済構造を明らかにするために踏まえなければならない北海道の特殊性とは、「大部分の土地がまだ誰の占有にも属さない」「辺境地方」としての特殊性であり、その「辺境地方の内国植民地としての発展の進行」が他府県と異なる経済の展開を北海道にもたらした、というのである。

辺境＝内国植民地

高倉や林と同じ北海道帝国大学農学部農業経済学科の出身であり、農林省農業総合研究所に勤務していた湯沢誠も、北海道農業を論じた一九五八年の文章で、北海道を「植民地」ととらえた。湯沢によれば、「辺境地方」と「植民地」は同義語にほかならない。

「まず、ここにいう植民地とは経済学的意味における植民地であって政治的、軍事的意味は含まず、辺境地方と同義語である」（湯沢一九五八、五）。

この視点から、湯沢は北海道農業の特質を論じようとした。

こうして、一九五〇年代後半に北海道を「辺境」ないし「経済的意味における植民地」と捉える立場があらわれ、この視点から北海道史が論じられるようになった。それは、開拓史や拓殖史としての北海道史が「ややもすれば地方史的な、郷土史的な記述に止まっていたことに対する反省」と、北海道史を日本の資本主義の生成発展のなかに位置づけようとする問題意識とにもとづくとされた（田中修一九六七、五）。

その後、この論争は数多くの論者たちに引き継がれ、一九六〇年代にかけて一つのピークをむかえる。たとえば、経済学者の田中修（一九六七、八）は、「北海道は日本資本主義の唯一の近代的植民地＝自由な植民地＝経済学上の意味における植民地＝資本主義的植民地として経営されたという見方」を提示し、北海道の歴史が「植民地」としての歴史だったと明言した。この他にも、保志恂、旗手勲といった研究者たちがこの論争に参入した。

辺境論を唱えた斉藤仁は東京帝国大学法学部を卒業し、農林省の農業総合研究所に勤務した後、最終的に東京農業大学の教授を務めた農業経済学者である。湯沢誠は農林省を退職後、北海道大学農学部教授を務めた。また田中修は北海道大学法経学部を卒業し、札幌市にある北海学園大学に長く勤務し、一九七二年からは北海学園大学開発研究所長、一九八四年からは北海学園大学長を務めた。北海道の開発や経済を論じる多くの研究者が、北海道を辺境における内国植民地として論じたのである。

戦後になって盛んになった辺境論は、北海道を再び内国植民地として捉えた。では、その議論は、「開拓」の背後に隠されてしまった「植民」を再び白日の下にさらしたのだろうか。そして、アイヌ民族の「撲滅」に加担した学問の記憶を呼び覚ますことができたのだろうか。

北海道の植民地化

「辺境」ないし「内国植民地」の中味を具体的に見てみよう。もちろん、これらの概念の規定は論者によって微妙に異なり、そのズレを補正するために数々の論文が執筆されたとも言え、議論の筋道は錯綜している。しかし、その中にあってなお共通する特徴を、いくつか確認しておきたい。

第一の特徴は、この論争の中で「内国植民地」が経済的意味で理解され、とくに資本主義経済の展開との関連で論じられたことである。資本主義経済が特定の歴史的段階をへて生じた現象であるのと同様に、北海道の辺境化も資本主義経済の成立期という、歴史的に規定された特定の時間的枠組みの中で生じた現象と考えられた。

たとえば斉藤仁の説明によると、北海道の植民地的性格が明確になるのは一八八九年（明治二二年）以後であり、それは一八八八年から八九年にかけて日本の原始的蓄積がほぼ終了し、資本主義が自律的展開をはじめたためである。「北海道の植民地としての発展は、原蓄期を経過してのちはじめて確実なペースをとりはじめたといいうるのである」（斉藤一九五七、一六）。

「原始的蓄積」（ないし「本源的蓄積」）、略して「原蓄」とは、マルクス主義経済学の用語であり、資本主義的経済関係の前提となる資本の蓄積過程のことである。それは、たとえば産業化が進むことで農民が土地を失い賃金労働者となるように、生産者と生産手段が切り離され、生産手段を独占する資本家と、生産手段を持たない労働者という、二項対立関係が形成される過程にほかならない。

斉藤によれば、一八八〇年代までの日本経済は原始的蓄積期に相当する。しかしこの時期、北海道はまだ十分に植民地化していたとは言えなかった。その理由は三つあげられる。第一に、国内の産業資本の形成が不十分だったため農民は依然として土地と結びつけられており、北海道へ植民者として移住可能な人口が乏しかった。第二に、農産品市場の形成が不十分なため、世界市場に向けて大量の生産物を供給するという植民地農業の成立が困難だった。そして、第三の理由として、明治維新以後、北海道で投機的な私的土地所有が行なわれ、資本主義的な農業が発展しなかった。

しかし、日本国内の原始的蓄積過程が完了し、産業資本が自律的展開を開始するようになると、その結果として生産手段を奪われ、土地から切り離された人びとが、他府県から北海道へ数多く移住するようになる。三県一局時代に一時的に途絶えていた移民政策も、一八八六年に北海道庁が設置されると再び本格化した。初代の北海道庁長官である岩村通俊の有名な言葉、「自今以往《いおう》は貧民を植えずして富民を植えん。是を換言すれば、人民の移住を求めずして、資本の移住を是求めんと欲す」に見られるように、この時期から北海道への資本の移入が進められた。とくに一八九七年の北海道国有未開地処分法によって、華族や政商などによる大土地所有が積極的に優遇されるようになり、大規模農場が生まれ、小作人として大量の移住民の受け入れが可能になった。

こうして産業資本主義的生産関係が成立し、北海道の人口は急速に増加し、「植民地化」がそのピークを迎えることになった、というのである。

しかし、北海道の植民地的性質はそれほど長く続かなかった。北海道が辺境地方として内地府県と異質の地域であったのは、一八八〇年代末から第一次世界大戦までの一時期にすぎない。第一次世界大戦を区切りとして日本の資本主義は独占段階へと移行する。それとともに北海道経済は内地府県との等質性を獲得し、北海道への移住者は急激に減少し、北海道は辺境ないし植民地としての特異性を喪失する（斉藤一九五七、六 - 七など）。

第一次大戦後に北海道の植民地的性格が消失したというこの見解は、斉藤に限られない。たとえば田中修も、第一次世界大戦の終了した一九二〇年ころに北海道は植民地としての資格を失ったと論じた。「自由な植民地としての北海道は、一八九〇年（明治二三）頃から一九二〇年（大正九）頃までの約三〇年間ということとなる」（田中修一九六七、一九）。

このように、北海道の辺境的性格は日本経済の資本主義化とともにはじまり、一定の時期に終局を迎える、あるいはその性格を希薄化する、という見方が、大方の論者たちに共通していた（小池一九八二）。

レーニンとマルクス

第二の特徴は、これらの議論がマルクス主義経済学の文脈で論じられ、マルクスやレーニンの概念にもとづいて展開されたことである。

斉藤仁や湯沢誠など初期の論者が北海道を「辺境」ないし「経済的意味における植民地」とみなしたさい、そのための条件は次の二点にあるとされた。

一、移住者が容易に手に入れることのできる自由な占有されない土地が存在すること。

二、世界的分業が確立され世界市場が形成されることで、植民地が農業生産品の大量生産に専念でき、これらの生産物と引換えに工業製品を入手可能なこと。

一八八〇年代末にこの二つの条件が満たされたために、北海道は植民地とみなされることとなった、というのである。

ところで、この二つは農業経済学者たちのオリジナルな発想ではなく、レーニンが『ロシアにおける資本主義の発展』の中で、ロシアの辺境地域の植民地化の条件として想定した条件にほかならない（レーニン一九五四、六二七）。

さらに、レーニンが規定した「経済的な意味における植民地」という考えは、カール・マルクスの議論に由来している。田中修（一九六七、一〇）によれば、マルクスはヨーロッパの植民地であったアメリカ合衆国や、「奴隷制度の止揚によって事情が一変した旧植民地」を含めて、「自由な移民によって拓殖される処女地」について論じた。

この「自由な植民地」の本質は、「自由な土地」が手に入ること、すなわち移住者が土地の一部分を自分の個人的生産手段に転化できることにある。「植民地を植民地たらしめるものは〔…〕自然状態で見いだされる豊饒な地所の大量だけではない。それはむしろ、これらの地所が取得〔…〕されていないという事情である」（マルクス一九六五、二五一 - 二）。

このことはまた、マルクスの議論の対象とされた植民地が、「自由な移民」にもとづく植民地であって、国家権力による強制的移住や組織的移住による植民地でないことも意味した。つまり「自由な植民地」とは、「自由な土地」が「自由な移民」によって拓殖される植民地なのである。

このようなマルクスやレーニンの概念を用いて、農業経済学者たちは北海道の辺境性や植民地性を論じた。そのため、かれらが展開した辺境論争ないし内国植民地論争では、「辺境」や「植民地」といった概念の解明や、それらに当てはまる古典的な植民地と北海道とのちがいの説明に、しだいに議論が集中していった。[注1]

たとえば湯沢誠（一九五八）は、レーニンの規定にいっそう忠実に北海道の経済的状況を解明しようとした。その過程で、レーニンによる古典的意味での辺境と、そこからの一定のズレや「偏倚」をもつ特殊な、かぎかっこ入りの「辺境」とを区別した。その上で北海道を古典的辺境とは異なる特殊な「辺境」とみなし、この「辺境」が古典的な辺境に対して持つ特異性と、さらに北海道が（辺境でない）国内他府県に対して持つ特異性との、二重の特異性によって、北海道の特殊な経済的状況が説明されると考えた。

いっぽう田中修（一九六七）は「辺境」と「経済学的意味における植民地」の同義性に疑問を投げかけた。田中によればレーニンは、移住が進み、先の二つの条件が満されたとき辺境は経済的な意味における植民地となる、と説明している。とすれば、「辺境」と「植民地」を同義とみなすことはできない。辺境とは、むしろこれから植民地へと転換する可能性をはらんだ潜在的植民地ないし「植民予備地」なのである。こう指摘したうえで田中は、辺境が植民地化されることの意義や辺境の役割を問題にすることの重要性を説いた。

内国植民論と内国植民地論争

さて、このように論じられた新しい辺境論ないし内国植民地論争は、高岡熊雄を中心とするかつての内国植民論とどのような関係にあるだろうか。新しい論争の担い手に北大農業経済学科の出身者も含まれることから、両者の継続性や関連性が予想されるかもしれない。しかし、一見してわかるように、新たな植民地論争の内容はかつての植民論とかみ合わない点を数多く含んでいる。

第一に時代的・時間的なズレである。内国植民地論争では、論者により多少の違いがあっても、日本国内における原始的蓄積が完了し、資本主義的経済関係が形成される一八八〇年代末以後、北海道の植民地化は進行し、資本主義経済が独占資本主義的ないし帝国主義的段階に移行する第一次世界大戦終了後の一九二〇年頃まで継続したと考えられている。

ところが高岡熊雄は、一八九九年の北海道旧土人保護法の制定をもってアイヌ民族の同化が実質的に完了し、植民地としての北海道が解消したと考えた。また高岡の後を継いだ高倉新一郎も、同じ時期に植民政策の対象となる原住者が消失し、北海道への和人の移入政策は植民政策から開拓政策に転じたと考えた。

したがって、植民学講座の内国植民論と戦後の内国植民地論争とを比較すると、両者が北海道を植民地と考える時期が、一〇年程度の重複期間を除き一致しないことになる。高岡が植民地の消滅を見る時代に、戦後の研究者たちは植民地の始まりを位置付けているのである。

第二に、農業経済学者たちは、北海道を「経済的意味における植民地」と規定し、政治的ないし民族的問題を除外した。この点は、社会問題と同時に政治的問題を含み、原住民族に対する民族的政策をともなうことを植民政策の要件とした高岡の内国植民と明らかに異なる。

この点はさらに、「経済的意味における植民地」がマルクスの「自由な植民地」に由来することによって補強される。原住民族が居住しすでに生活を営んでいる土地であれば、移民が自由に土地を確保し生産手段にできるとは限らない。マルクスやレーニンによる経済的意味での植民地という考えは、当初から原住者の存在を考慮しない概念だといえる。したがって、ここでもまた戦後の内国植民地論争は、民族闘争としての国家的植民を内国植民政策の中心と考えた高岡熊雄のそれとはまったく異質な見解だった。民族問題を視野に入れない点で、むしろ開拓史観と共通性をもつとさえいえるのである。

民族問題の忘却

ところで、斉藤仁が北海道を辺境であり植民地であると規定した時、その説明文中には「アイヌ種族を主たる部分とするおくれた原住種族の国民経済へのとりこみ」という表現が含まれていた。少なくとも斉藤にあっては、アイヌ民族への言及が皆無だったわけではない。「植民」を問うには「原住種族」とのかかわりを無視できない、という意識が働いていたと考えられる。

また保志恂(一九六二、一一 - 四)は、北海道が日本資本主義の「辺境」であることに同意したものの、しかし「辺境＝フロンティア」という言葉が想起する自由で開放的な天地とは異なることも指摘し、古典的な辺境の条件からのズレを指摘した。保志によれば、「辺境」は「先進資本主義国における辺境」である「自由な辺境」と、「後進自由主義国の辺境」である「後進国的辺境」とに区別され、北海道は後者に相当する。保志はこの説明の中で民族問題にもアイヌ民族にも触れていないものの、マルクスやレーニンの概念がそのまま北海道に当てはまるとは考えていなかった。また、先に紹介した、かぎかっこ入りの「辺境」という湯沢誠の議論も、保志と同様な意識にもとづいてなされたと解釈できる。

しかし、こうした留保や制約はしだいに薄れていく。たとえば田中修(一九六七、一七 - 八)は、「北海道を自由な植民地として確認しうるか」という問いをたて、「自由な植民地」の指標として、㈠たやすく手に入る自由な土地、㈡自由な移民、㈢本土における資本主義の外延的発展、の三つの条件をあげた。とくに㈠の自由な土地の存在を論じるにあたって、明治初期から一九〇八年の「国有未開地処分法」の改正にいたる政府の一連の土地政策をあげ、北海道が「無主の処女地」であったと説明した。田中によれば、一八七二年の「地所規則」「土地売貸規則」などによって、有償・無償を問わず北海道の土地はたやすく手に入れることが可能になった。また一八七七年の「北海道地券発行条例」によって北海道の「無主の処女地」は官有地、すなわち「私有地に転化されうる公有地」とされた。こうして、「無主の処女地」北海道は、政府の政策によって土地の自由な入手が可能な地域となったというのである。

北海道にアイヌ民族が居住していたという事実は、ここではもはやまったく触れられず、和人の側から見た土地開発だけが一方的に語られた。開拓史や拓殖史による説明と同様に、辺境論もまた、和人以前の北海道を人の住まない未開の自然のごとく扱ったのである。

さらに、田中は先の指標の㈡自由な移民についても、また㈢日本資本主義の発展についても、一八九〇年頃から一九二〇年頃にかけて、これらが満たされたと主張し、この時期の北海道を、マルクスの唱えた自由な植民地にあてはまると論じた。[注2]

このように、辺境論は開拓史観を批判し対抗するものと考えられていたが、民族問題を扱わない点でむしろ開拓史観と同じ視点に立つものだった。そこで言われる植民地的性格とは、アイヌ民族の生活圏への和人の侵入でなく、「未開の処女地」への大量移住であり、「本土」経済に対する北海道経済の従属的関係にほかならなかった。

北海道を植民地としてとらえることで、アイヌ民族の地位がかえりみられるどころか、民族問題はいっそう奥深く封印されたといえる。「植民地」が経済的観念に限定されたことで、もはやこの言葉を用いても、民族問題に触れることはできなくなった。北海道が植民地であると論じても、アイヌ民族を素通りできるようになったのである。

ところで、差別講義を批判された林善茂も、辺境における開発の歴史として北海道経済史を講じ、歴史の主体はアイヌでなく日本人であると主張していた。その結果、結城庄司をはじめ学生たちから厳しく批判された。しかし、「辺境」を手掛かりに北海道の歴史を論じたのは、ひとり林善茂に限られたことではない。むしろ、それは当時の多くの研究者たちに共通した態度だった。アイヌ民族は同化消滅したという理解、あるいは、アイヌ民族が存在することへの無理解は、林個人というより、北海道の開発を講じる当時の学問のあり方に由来するものだった。林による差別的発言の背後には、研究者たちによる民族問題の忘却があったのである。

二　新しい「内国植民地」

内国植民地論争の再活性化

こうして、一九七〇年代を迎える。この時期、北海道辺境論は一時的に下火になる。第一章でも触れたように、一九七〇年代は学問研究がさまざまな批判にさらされた時代だった。アイヌ民族研究についても、一九七二年の日本民族学会と日本人類学会の連合大会で結城庄司らが研究に抗議する公開質問状を読み上げた。一九七五年に札幌で開催された日本考古学協会の大会では「全国考古学闘争委員会連合」に属す若手の研究者たちが壇上を占拠し、アイヌ民族の現状を踏まえない研究に異議を唱えた。そして、一九七七年に北海道大学で差別講義事件が起きた。

辺境論の終息の理由は、ひとつに議論がマルクス主義経済学の学説解釈や用語の定義といった方向へ流れ、しだいに北海道の現実をとらえる発展性を失っていったことにあるとされる。[注3]しかしまた、アイヌ民族からの一連の批判をきっかけに、研究者たちが安易に「辺境」概念を振りかざせなくなったことも一因と言えるだろう。結城庄司の質問状も、「辺境」の概念が「中央」との対比で差別的含意をもつことを批判していた。一九七〇年代は研究への強い反感が社会的に表面化していた。

いったん鎮静化した内国植民地論争は、一九八〇年代に再び活性化する。再開した議論に、七〇年代の批判が一定の作用を及ぼしたように見受けられる。八〇年代の内国植民地論争を一九六〇年代の議論とくらべると、とくに次の二つの点で重要な違いがみられるのである。

そのひとつは、北海道の植民地的性格が終息せず、いぜんとして持続していると論じられたことである。そして、もうひとつは、論者たちがアイヌ民族の存在を意識するようになったことである。

はたして研究者たちは、結城の問いかけにどう対応したのだろうか。

植民地的性格の継続

一九五〇年代にはじまる辺境論は、一八八〇年代末から一九二〇年頃までの限られた期間、北海道が辺境であり植民地であったと主張するものだった。したがって、この見解が議論された一九五〇年代から六〇年代にかけては、北海道はすでに植民地状態を脱していたことになる。

これに対して一九八〇年代の内国植民地論争は、植民地的性質が消失せず、論争当時もなお持続していると論じた。

とくに小池勝也（一九八二）は次のように主張した。湯沢誠や田中修の辺境論はレーニンの概念にもとづいていたため、日本経済が産業資本主義的段階から帝国主義的段階に移行するとともに辺境性も薄まる、と結論せざるをえなかった。しかし、これは正しくない。辺境性は歴史的展開によって一方的に希薄化するのでなく、むしろ「帝国主義＝独占資本主義段階」にあって変質し修正されて存続するのである。したがって、北海道は現在もなお後進資本主義国に特有の辺境性、すなわち後進的辺境性をもち、本土資本主義に対して特異な構造的関係にあるのである、と。

植民地的性質の持続という主張は、その後たとえば小松善雄（一九九〇、一九九一、一九九二）などに引き継がれる。小松（一九九〇、一八）はまず、一九七〇年代から八〇年代の経済的状況を概括し、東京への全国的な一極集中が生じるなかで北海道の主力産業が「崩壊」し、北海道内では札幌への一極集中と、それ以外の地域の「再辺境化」が進んでいると論じた。そのうえで、「とりわけ北海道の自立ということは、経済的には、いわゆる辺境的ないし植民地型産業・経済構造からの脱却ということであるはずである」と主張し、北海道がいぜんとして経済的に植民地的状態にあると論じた。

さらに小松（一九九二、六九）は、戦後の辺境論をくわしく検討し、それが日本資本主義の発展段階との関連で北海道経済をとらえ直すという、社会科学的方法論として正しい視角を提起したとともに、開拓史観の内在的批判を意図していた点を評価した。しかし、そのいっぽうで、時代を経ることで辺境性ないし経済的植民地性が希薄化し消滅するというこれまでの見方は、「内地」との同化を肯定的に考える点で、開拓史観と同じ結論におちいると批判した。

小松によれば、北海道経済は、戦後の国家独占資本主義体制のもとで、農業にあっては少数品種への作付け集中と経営の単一化による特定産品の大量生産化・専作化が進み、工業についても機械類などの完成工業品の移入依存が強化された。このように「外部市場型・モノカルチュア型」産業・経済構造が強化されつつあることを考えれば、北海道の「経済的植民地としての内国植民地性格は厳然として遺存され再生産されてきているととらえる」ことができる（小松一九九二、七八）。

こうして、第一次世界大戦後の特定時期で消滅したとされた北海道の植民地的性格は、時間軸上を後方に大きく拡張され、一九八〇年代の北海道の経済産業構造にまで適用されることとなった。北海道の植民地性は歴史的過去の出来事でなく、同時代の社会や経済を分析する概念に転換されたのである。論者たちは、北海道が「内地」と較べていまもなお経済的に不利な立場に置かれ、さまざまな不安定要素の中にあることを強調した。

アイヌ民族への言及

もうひとつの重要な相違は、アイヌ民族への言及がみられるようになった点である。おそらく、一九七〇年代の研究者批判や一九七七年の差別講義事件を、研究者たちが完全に見過ごせなかったことの現われといえるだろう。

アイヌ民族の存在を無視した歴史記述への批判は、すでに一部の研究者自身から行なわれていた。とくに歴史学者の海保嶺夫は、「近代天皇制国家の北海道『開拓』は、無人の空間に展開した事象ではないという歴史的事実を捨象して、論ずることはできない」として（海保一九七六、一八二）、すでに一九七〇年代に、開拓史観だけでなく辺境論をも批判していた。海保の批判については、後で再び取り上げる。

一九八〇年代になると山田定市の批判が現われる。山田は辺境論によって北海道史が「日本資本主義と北海道」という視点で分析されるようになったことを高く評価し、北海道を辺境とみなすことで北海道開発が「未開地」や「自由な処女地」の開発だったと考えることは、その経済的本質を明らかにするうえでは妥当であると認めた。しかし、そのいっぽうで、「それはあくまでも資本主義にとっての『未開地』であり、移住・開拓者にとっての『未開地』、『自由な土地』であって、先住民族の立場はこの限りでは反映していない」と批判した。北海道の開発過程を解明するには、階級的対抗関係の激化という視点に加えて、その過程が先住民族の民族的自立と主体性を抑圧してきたという視点を持たなければならない、というのである（山田定一、一九八九、二三）。

これらの批判をへて、議論を「経済的意味における植民地」に限定していた学者たちも、アイヌ民族の存在と北海道における民族問題に言及するようになる。

たとえば、一九六〇年代に内国植民地論争に参入した田中修は、おそらく海保の批判などに触発され、一九八六年になって、「アイヌ民族の歴史を、北海道近代史のなかにどう位置付けるかという問題」が近代史研究に課された課題の一つであると述べるようになる。近世史において幕藩制・場所請負制と対置されたアイヌ民族が、近代に入って歴史の前面から突然姿を消すのはなぜか、アイヌ民族にとって近代とは何であったか、を解明する必要があるというのである。

さらに田中は、「経済学上の概念でしかも植民の対象とされる〝辺境〟として北海道をとらえることが、移行の内在的要因を探り、アイヌ民族の位置を明確にする上での有効な手立てとなるのかどうか」と述べ、辺境論の有効性に疑問を呈した（田中修一九八六、一〇）。また、小松善雄も先に引用した一九九〇年の論文の注で、山田定市の批判を引用し、海保嶺夫の議論に言及した（小松一九九〇、四二）。

このように、一九八〇年代の内国植民地論争はアイヌ民族の存在を意識し、民族抑圧の歴史に言及するようになった。アイヌ民族が北海道の原住者であることが認められ、「植民」が経済的問題にとどまらないことが確認されたのである。

とすれば、「植民学」を掲げた学問と、民族「撲滅」政策とのかかわりもまた、研究者たちによって自覚されるにいたったのではないか。しかも、今なお北海道が植民地的状態にあるというのであれば、学問はみずからの過去を踏まえたうえで、北海道の民族問題を正面から見据えることになるのではないか。おそらく、このような期待が生まれるに違いない。

歴史の切断

しかし、実際には、一九八〇年代の植民地論争は、アイヌ民族に言及はしても、民族問題を積極的に論じるものとはならなかった。民族問題を取り上げるどころか、かつての高岡の内国植民論を振り返り、開拓の名で覆い隠された植民の歴史を呼び覚ますことさえなかった。

なるほど北大植民学への言及がまったくなかったわけではない。田中修は戦前の北海道史研究への、高岡熊雄をはじめとする植民学者の影響の大きさを指摘し、さらに「〔…〕北海道史研究の難しさは、何よりも北海道が異民族の先住地であり植民の対象地であることにあった」と述べ、植民学をふりかえり民族問題に立ち入るかの素振りを見せた（一九八六、一一）。しかし高岡の植民論の内実は検討されず、結局「植民」は「拓殖」と等置され、「日本資本主義の植民地」としての経済的「辺境」という、一九五〇年代の理解に立ちもどってしまった。民族政策としての「植民」概念の考察は行なわれなかったのである。

議論はさらに、消極的な回避から、むしろ積極的な分離へと向かうことになる。

田中修は、内国植民地を論じた一九六七年の論文を一九八六年の著書に再録するに際して、当初なかった一節を挿入している。そして、その挿入部分で、新しい内国植民地論争が、かつてのプロシア的内国植民論、すなわち高岡熊雄流の内国植民論とまったく無縁であることを明言したのである。

「なお、内国植民地なる言葉をプロシャ＝ドイツの内国植民を念頭において用いているとすれば、それはここでは無用のことと言ってよい。なぜならば、ドイツ内国植民は⑴一八七〇年代の大不況、農業恐慌により大打撃を受けた大地主を救済し、中小農業者および農業労働者に移住の道を開く、一種の経済・社会政策であったこと、⑵「移住土着地法」にもとづき国家資金を投じて土地を買収し、ドイツ人を移住定住せしめ、いわゆるポーランド人禍を防止する一種の政治的手段であったこと[27]などから、ここで問題としている辺境の植民地化とは段階を異にする政策と理解されるからである」（田中修一九八六、三二[注4]）。

田中修はこうしてかつての内国植民論と戦後の内国植民地論争の接続を断った。それだけでなく、さらに進んで、かつての議論は不適切である、と主張した。かれは、『北大百年史』の中で高岡熊雄ら植民学者の内国植民論を解説した田中愼一（一九八二）を引用し、以下のように批判している。

「〔…〕田中愼一氏は、『植民地の根本矛盾は民族対立にあり、それが社会変革の主要因として存在しなくなった段階においては植民地でないとみるべきであろう』〔…〕と述べ、根本矛盾たるアイヌ民族問題が顕在する近世・近代初頭の北海道をもって『真正の植民地時代』〔…〕としている。これは大変興味ある所論ではあるが、本書の方法的基礎となっている近代的植民地ないしは『辺境』論、つまり政治的諸過程を捨象した経済学上の問題として、資本主義の発達過程における植民地の意義を論ずる立場とは、立論の根拠を異にするものと言わざるを得ない。また植民地における民族問題を、帝国主義の問題と切り離し、資本主義成立以前の近世にさかのぼって、同列にアイヌ民族の問題を論ずるのはいかがなものであろうか」（田中修一九八六、二一、傍点は引用者による）。

ここで田中修は、民族問題が植民政策の本質的要素であるという高岡以来の植民概念に明確な疑問を示している（「いかがなものであろうか」）。正当な植民論とは、かれの立論の「方法的基礎となっている近代的植民地ないしは『辺境』論、つまり政治的諸過程を捨象した経済学上の問題として、資本主義の発達過程における植民地の意義を論ずる立場」だというのである。こうして、高岡以来の植民学は戦後の植民地論争から切り離されただけでなく、不適切なものとして否定された。

古い理論が不適切だとすれば、新しい「内国植民地」は古い植民地概念の復活でも改訂でもなく、まったく新規の概念ということになる。

「まだ十分熟さない概念」

一九七〇年代後半から、農業経済学者に加えて歴史学者たちが内国植民地論争に参入した。中でも内国植民地としての北海道という視点を積極的に提起したのは桑原真人である。桑原は日本資本主義の発展のはけ口として北海道と沖縄がともに内国植民地的な立場にあるという、同じく歴史学者の田中彰（一九七六、三七九）の見解を踏まえて、「北海道（民）と沖縄（県民）とは今も『内地』と『本土』という言葉に象徴的に示されているように、自地域以外の『日本』を意識的に区別している点で共通した側面を持って」おり、それは両地域が内国植民地としての歴史を歩んできたためであると論じた（桑原一九八二、二、傍点は引用者による）。

その際に注目すべきなのは、桑原が「内国植民地」は「まだ十分熟さない概念である」と補足説明を加え、この概念をまったく新しい歴史的概念として提示した点である。

もちろん歴史学者の桑原が、「内国植民地」という言葉が古くから用いられていたことを知らないはずはない。実際、同じ著書の中で明治時代の北海道開拓論を論じ、佐藤昌介らを中心に発行された『殖民雑誌』に言及している。それだけでなく、一九〇一（明治三四）年の札幌農学校における植民学関係の卒業論文も調査している。「植民」は桑原の研究の中心的テーマのひとつだったとさえ言える。

それにもかかわらず、桑原は「内国植民地」を新しい概念だと説明した。そのままでは理解し難い説明とも言えるが、おそらく桑原が思い描く「内国植民地」の概念は、当初から「植民学」とまったく切り離され、両者の関連は意識すらされなかったということだろう。

その後、桑原の学説は、「実証研究を踏まえた上で、『内地』との格差と人民の劣悪な状況を構造として捉え、その構造を示す『内国植民地』という概念に北海道近代史の特徴を与えた」ものとして、歴史的研究として一定の評価を得ることとなる（内藤二〇一一、三四）。

北海道と沖縄

では、その新しい「内国植民地」とはどのようなものなのか。桑原は自身の内国植民地論を展開するにあたって、「内地」や「本土」と北海道ないし沖縄との間にあるさまざまな格差や不平等を指摘している。とくに近代北海道について、それは次のように説明される。

「〔…〕先住民族のアイヌは『旧土人』と呼称されて『皇国民』化のための同化政策の対象とされる一方、狩猟民族から農耕民族への転換が強制され、また開拓推進のため、囚人・タコ労働者・朝鮮人労働者といった一連の強制労働力や、地主制形成下の本州農村から排出された、『棄民』という表現がふさわしい多数の北海道移民が送り込まれている。さらに、議会制度や町村制度の施行状況などにみられる、政治・行政的側面での『内地』と北海道との格差はあまりにも大きい」（桑原一九八二、三）。

ここには、アイヌ民族への同化政策から始まって、囚人や朝鮮人労働者の強制労働、本州からの移民などの事例が、議会制度や町村制度の施行状況といった政治的・行政的な格差とともに、北海道の植民地性を示すものとして挙げられている。注5

アイヌ民族が冒頭に言及されていることで、民族問題を再び議論の中に組み込んだかの印象をあたえるが、最終的帰着点を見ればあきらかなように、実際に取りあげられているのは北海道と「内地」とのさまざまな格差であって、かつての植民論のように民族と民族の抗争としての植民地的状態が確認されたわけではない。なるほど、経済的側面にとどまらず、先住民族の抑圧や劣悪な労働環境といった政治的・社会的問題を取り上げ、近代北海道の負の側面に注目してはいるが、それらはいわば格差の具体的事例にほかならない。「植民地」が民族間の関係としてとらえられているわけではない。本州との経済的格差にもとづくこれまでの辺境論と基本的部分を共有する観点といえる。

さらに、こうした植民地的性格が「北海道（民）と沖縄（県民）」に共通する特性として説明される点も注意が必要である。なるほど「内地」ないし「本土」との地域間格差の問題ととらえれば、両地域には経済的・政策的に多くの共通点があると言えるだろう。だが、桑原がかっこ付きで表現する北海道民と沖縄県民の問題として、つまりそこに住む人びとの問題としてみた場合、両者を同じ地平で論ずることはできない。

沖縄はもともと琉球民族を中心とした地域であり、それは基本的に現在まで引き継がれている。いっぽう北海道はかつてその大半がアイヌ民族の土地だったが、明治維新以後の開拓政策により多数の和人が入植し、いまや和人が「北海道民」の圧倒的多数を占めるようになった。沖縄と北海道ではその民族的来歴をまったく異にするのである。沖縄と「本土」の格差は依然として和人と琉球民族との民族的格差でありうるが、「北海道」と「内地」の格差は民族的問題ではない。沖縄と北海道に共通する問題を、沖縄県民と北海道民に共通する問題へ、そのままスライドさせることはできない。

沖縄との同質性を持ち出すことは、こうした民族的背景を曖昧にするといえる。もともと植民する側にいるはずの和人を、北海道民一般として植民される側に位置づけるからである。さらに、アイヌ民族への言及はこの錯誤をいっそう気づきにくくするだろう。日本政府による同化政策の対象だったアイヌ民族と和人とが、ともに「北海道民」として植民地支配の被害者の立場に立つかの幻惑を与えるからである。

いずれにせよ、新しい「内国植民地」も民族問題を「植民」の中核に置かなかった。桑原自身もこのことに気づいていたようである。かれは、同じ著書の「あとがき」で、近代におけるアイヌ社会の状態の分析が依然としてなされていない、という指摘を行なっている。「あとがき」の桑原によれば、近代資本主義社会における「植民地」、とりわけ帝国主義段階のそれは「後進的異民族への政治的支配を意味する」。したがって、「内国植民地」の分析に際してもこの視点が貫徹されねばならない。「そして近代の北海道が『内国植民地』たる所以の一要因である『異民族』問題とは、アイヌ問題を指すことは論を俟たない」（桑原一九八二、四八二）。ここでは高岡熊雄の内国植民地論と同様に、「植民」が民族問題をひとつの核とする概念であることが明確に意識されている。

しかし、桑原が同書の本文で論じた地域間格差としての「内国植民地」は、「あとがき」で意図された「異民族」問題としての「内国植民地」とまったく別の概念である。それは単に異なるだけでない。これまで見てきたように、字面は同じ「内国植民地」であっても、前者は後者から民族問題を排除することで成り立っていた。前者にもとづいて北海道史を論じるかぎり、民族問題を議論に組み込むことはできない。したがって、桑原にあっても、民族問題について立ち入った検討は行なわれなかった。それは、おそらく不可能にちがいない。[注6]

植民する者から植民される者へ

高岡熊雄がプロシアで学んだ内国植民論は、農地を開拓し人々の移住をはかるという経済的・

社会的政策であるとともに、植民者が原住者を滅ぼし自民族の支配地を拡大するという民族闘争でもあった。これを北海道の歴史にあてはめれば、植民者は本州以南から侵入した和人であり、原住者はアイヌ民族ということになる。そして、植民政策を進めるための和人の学問として植民学は存在した。

ところが、戦後の内国植民地論争は原住者の存在に立ち入らず、経済的な概念として「内国植民地」を論じた。その背後で、「植民地」の観念は地域間の政治的・経済的・社会的格差の観念に修正され、植民者と被植民者の内実が変更された。この新しい「植民地」概念からすれば、植民する側だけでなく、植民される側もまた、その大多数は和人にほかならない。植民者と被植民者の関係は、和人とアイヌでなく、和人と和人の関係に変質した。

それでもなお、一九六〇年代の辺境論では、北海道の植民地的性格は特定の時代にかぎられたものだった。それは第一次世界大戦後に消滅したとされ、同時代の北海道はもはや植民地とみなされなかった。その限りで研究者は植民者でも被植民者でもなかった。

しかし、一九八〇年代になると植民地的性格は時間的に延長され、同時代にまで持続するものとされた。このことによって、「北海道民」は研究者自身も含めてすべて植民される側に分類されることとなった。

「北海道民」を単位にして植民地的性格を論じるという流れは、たとえば、一九八〇年代の内国植民地論の提唱者の一人である田中彰の説明に見て取ることができる。

「つまり、『内地』や『本土』という言葉には、北海道や沖縄に対する『内国植民地』的発想を秘めている日本の為政者たちの差別意識を鋭く読みとった、北海道・沖縄の人びとの批判の意が込められている、と思われる」（田中彰一九九五、二）。

ここでは、アイヌ民族も和人も区別なく「北海道・沖縄の人びと」の範疇にくくられている。「内地」や「本土」とのこうした対比が、沖縄や北海道が置かれた現状を指摘するために重要な視点であることを否定するつもりはない。しかし同時にこのくくりが、アイヌ民族と和人との関係としての植民活動をあやふやにしたことも確かである。

そして、このあやふやさが研究者たちにある種の逃げ道を用意することになる。

高岡熊雄の内国植民論は、植民する側の学問だった。したがって研究者もまた和人はすべて植民する側に位置した。ところが、一九八〇年代の内国植民地論争では、研究者たちは植民される側の人びとである。どれほど「植民」を論じたところで、植民者としての責任を問われる心配はない。むしろ、アイヌ民族同様、植民される側の人間として、安んじて北海道の窮状を訴えることができる。

こうして、表向き多くの研究者がアイヌ民族の存在に触れはしても、「学問」自身の民族問題は論じられなくなった。植民地論争は果敢な攻勢に見えて、実は用心深いガードとして機能した。

これが無意識的な防衛作用によるのか、あるいは意図的な誘導だったのかは不明だが、いずれにせよ研究者たちは、「植民地」を論じることでむしろ民族問題とのかかわりを回避することとなったのである。

高倉新一郎の植民地論

ところで、こうした「植民」概念の転換は、戦後に活動を開始した研究者たちに限られたことではない。植民学研究の当事者だった高倉新一郎も、いつしか新しい植民地概念に同調するようになる。たとえば高倉は、一九七七年一一月に出版された『北海道の風土と歴史』に、「歴史と風物」という一文を寄稿し、北海道の「植民地的性格」を論じている（高倉一九九五a、二五七 - 六六）。しかし、その「植民地的性格」とは、高倉自身がかつて属した植民学講座のそれではなく、戦後の内国植民地論争の意味における「植民地」にほかならない。

高倉は「植民地的性格」の核心が何かを明確にしていないが、これを見出しとした一節で論じられているのは、明治維新後の開拓政策にともなう北海道の特殊事情、とくにその中央依存的性格にほかならない。たとえば、北海道の開拓はその当初から政府や財閥の手で実行され、その利益のほとんどは北海道外に持ち去られた。そのため北海道の経済成長は中央集権国家と中央の資本力によってもたらされ、つねに中央の事情に左右され、結果として北海道の行政は中央への「陳情行政」を余儀なくされた、等々。

さらに、この節につづく「未完成の社会」と題された節で、高倉は「北海道は中央の派出所である」と述べ、「開拓地、自由と独立の謳歌される時代に育まれて生まれた新社会はいまだ十分に育っていない」と主張した。「法に、制度に、資本に、北海道は中央の勢力にがんじがらめに縛られて、その範囲で行動するほかない。しかも、辺境で、中央とは遠い」というのである。その上で、北海道に独自の文化や社会が育まれていないことを歎じた。

ここに述べられているのは、中央に対する北海道の従属的関係であり、個々の事象の取り扱いや評価の差異を別にすれば、基本的に中央と北海道との格差としての植民地的性格にほかならない。それはあくまでも和人と和人との関係であり、被植民者はアイヌ民族でなく、あくまでも「道民」である。

このように、かつて高岡熊雄の植民学を引き継いだ高倉自身が、ついには戦後の植民地概念にもとづいて北海道の植民地的状況を論ずることとなった。もはやだれの目にも内国植民地とは戦後の内国植民地論争の意味での植民地以外ではありえなくなった。

これとほぼ同じ時期、高倉は植民学についても、次のような発言を行なっている。すなわち、札幌農学校以来、北大では、「植民地を如何に統治すべきかという植民学ではなく、未墾地に移民を送り、それを如何に開き、農村として定着させるかという内国植民学が講ぜられておりました」(高倉一九七八、五)。こうした高倉自身の発言が、北大植民学は「殖民学」であって「植民学」でなく、民族問題や政治的問題を扱わなかった、という一般的解釈を引き起こす一因になったことは十分に考えられる。

「開拓」概念の修正

先にも触れたように、海保嶺夫はこうした研究者たちの歴史観を批判した。開拓史観だけでなく、資本主義化の過程として北海道史を記述しようとする戦後の近代史研究も、ともに「上から」の歴史記述であって、開拓や資本主義の展開が民衆に対してどのような影響を及ぼしたかという視点が弱く、いわば「民ぬき」の歴史である、と（海保一九七六、一八〇‐三）。

しかし、海保はアイヌも和人もひとまとめにして「民衆」の存在を唱えたわけではない。かれはアイヌ民族が北海道史の記述の中心にあるべきことを指摘した。

海保によれば、近代以降の北海道開拓が無人の空間に展開した事象でないにもかかわらず、これまでの歴史記述は近代北海道を「開拓の進展」や「資本主義化」という観点から捉えた。そのためにアイヌ民族を、「開拓の障害」や近代化に「立ちおくれた」人びととみなすことになった。しかし、アイヌ民族は前近代の蝦夷地における中心的存在であり、その前近代を継承して開拓が展開した事実を見落としてはならない。「日本において近代国家が形成される際には民族問題は全く存在しなかったとする見解は、修正する必要がある」（同一九八三）。

では、そのために、どうすればよいのか。海保が他の多くの研究者たちと異なる点は、この問いに積極的に答えようとした点にある。そのために、かれは「開拓」概念の修正を提案した。

「『開拓』なる概念は、歴史学的には、自然条件の単なる人為的改変の意としてではなく、特定空間の生産と人民支配のあり方を、当該社会構成体に適応的に官的立場より改変する、という意味に用うべきであろう」（海保一九七六、一八五）。

「開拓」は、これまで高倉ら多くの論者が用いてきたような、たんに自然を切り拓く活動ではなく、異民族支配のあり方を改変するという、民族的・政治的政策でもあったという見解である。その上で海保は、明治政府による開拓使の設置が蝦夷地の内国化であったこと、アイヌ民族を人的資源として利用しようとする意図が権力側に残存していたこと、さらに北海道庁設置以後の「開拓」政策がアイヌ民族に対する生活破壊を進めたこと等を強調した。開拓は高倉新一郎が描写したような英雄的活動でなく、アイヌ民族の皇民化の歴史であったということである。

当事者としての学問

このように海保の議論は、「開拓」が民族的政策を含むことを指摘している。それは、「開拓」概念を再検討することで、開拓の歴史の中に、自然を伐り拓くプロセスだけでなく、和人政府によるアイヌ民族政策も書き記そうとするものである。こうした海保の議論が、一九八〇年代の議論に影響を及ぼしたことは確かだろう。

しかし、それは北海道の歴史が「植民」の歴史だったことを確認するものではない。いわば「開拓」概念を拡張することで、その中に民族問題を含めようとするものである。「開拓」の背後に隠されてしまった「植民」をふたたび取り上げ、北海道の歴史を明確に植民の歴史として論じてはいない。[注7]

海保の観点からは、開拓がアイヌ民族の犠牲の上に可能になったことは説明できる。したがって、開拓を手放しで賛美することなく、その問題点を指摘することが可能となる。そして、開拓を自然との闘いと捉えたこれまでの学問が、民族問題を見落としたことも批判できる。

しかし、それでもなお、その民族問題が学問そのものの問題でもあったことは明らかにならない。「開拓」の背後に「植民」があり、内国植民政策が原住者の「撲滅」をめざしていたことを理解しなければ、かつて植民学という学問がアイヌ民族の同化消滅を唱えていたことには、到達できない。このことが確認できなければ、開拓政策だけでなく、開拓（拓殖、開発）に関する学問もまた、アイヌ民族の同化消滅を前提にして成り立っていたことは、鮮明にならない。

民族問題を見落としている、という指摘と、民族問題のうえに成り立っている、という批判は、根本的に異なる。前者は、ひとつの学問的見解の不備に関するもうひとつの学問的見解の提示である。したがって、その不備を修正することで、学問はより正確な認識に近づくことができる。誤りの訂正はひとつのルーティン・ワークであり、学問全体の根本的な修正を迫るものではない。

いっぽう後者は研究そのものの基盤にかかわる批判である。学問研究がどのような歴史的理解の上に成り立っているかという問いである。学問の存立にかかわる問題である。「植民」抜きには、この問題に到達できないように思われる。言い換えれば、学問が安全地帯に立つ第三者でなく、為政者や入植者や原住者たちと同じく歴史の当事者であるという認識に、到達できないということである。

注1　斉藤仁や保志恂の辺境論とレーニンの辺境論を比較検討したものとしては、たとえば永井秀夫（一九六六）がある。

注2　第三の指標について田中修（一九六七、一八 - 九）は、北海道の市場構造がマルクスのいう世界市場と結びついた市場構造とは「様相を異にしていること」を否定できないとし、「単純なかたちで割りきってよいかどうか、検討を要する点であろう」と述べていて、この部分の趣旨は曖昧である。だが、その後に続く部分で北海道の「自由な植民地としての性格喪失の時期」を検討していることからすれば、北海道を自由な植民地として確認している、と理解される。

注3　辺境論および内国植民地論争を批判的に概観したものとしては、内藤隆夫（二〇一一）がある。

注4　なお、引用中の注（27）で田中が挙げている文献は、札幌農学校出身の政治家東郷実の『独逸内国植民論』であり、高岡熊雄の議論そのものではない。

注5　明治一〇年代中期から、開拓に必要な労働力を確保するため、北海道内各地の集治監の囚人が土木工事などに駆り出された。明治二〇年代末に囚人労働が廃止されると、朝鮮人を含む土工夫たちは

監獄部屋（ないしタコ部屋）と呼ばれた飯場で、なかば監禁状態に置かれ、労働を強いられた。どちらの場合も過酷な環境で多くの犠牲者が出た。

また政治制度においても、当初北海道には府県制や市町村制が実施されず、衆議院議員選挙法も施行されなかった。そのため一九〇二年まで北海道では衆議院議員選挙が行なわれなかった。

注6　いまや北海道民の大半を占める和人が同化政策の加害側に位置することを指摘したものとしては、永井秀夫（一九九六）がある。また、内藤隆夫（二〇一一、三五）も、和人間の格差を検証するにとどまるとして、桑原の内国植民地論を批判している。

注7　ただし、北海道開拓を当時の海外植民地政策と関連づけて論じている（たとえば海保一九七六、一九九九など）。

終章　植民地の大学

結城庄司の問い

結城庄司が林善茂の講義内容や、その背後にある高倉新一郎のアイヌ研究について、差別的であるとした点は、およそ次の三点にあった。

一　アイヌ民族はすでに和人に同化したとして、その存在を否定し歴史を「切り捨てた」。

二　アイヌ民族の身体的特徴などについて「軽蔑、侮蔑、差別的発言」を行なった。

三　アイヌ問題をタブー視し隠蔽してきた。

これらの点について、結城は「学問」の側にいる人びとに対して、その理由を問いただし説明をもとめた。

第一章で見たように、事件の当事者だった林善茂は、最終的に自分の言動の非を認め謝罪したが、しかしそれはあくまで個人的な失言としての謝罪であって、林の言動の背後にある「学問」の責任が明確にされたわけではない。「学問」は、言論の自由を盾にして、結城の問いかけに応えることを拒み続けた。

これらの問いは、どのように答えられるべきものだったのか。本書はこの疑問に独自の答えを見出そうと試みてきた。差別講義事件の背後にあった学問がどのようなものであり、研究者たちがアイヌ民族をどのようにとらえてきたのか。これらの点を明らかにするために、林善茂の学問的背景を探り、札幌農学校以来の北海道大学の生い立ちを確認し、植民学講座の系譜をたどった。そして、そこで講じられた内国植民論の内実を検討し、それがどのように受け継がれてきたかを見た。

最後に、これらの作業から浮かび上がってきたいくつかの問題を、結城庄司の問いをふりかえりつつ確認しておきたい。

存在の否定

林善茂は経済学部の教授だったが、その出自は植民学講座にあった。しかも植民学は前身の札幌農学校以来、北海道大学の基幹をなす学問だった。そもそも札幌農学校は北海道の開拓のために設立された学校であり、しかもその開拓の任をまっとうするために開講されたものこそ、植民学の授業にほかならない。

その北大植民学の中心にいた人物は高岡熊雄とされる。かれが唱えた内国植民論は、経営規模の最適化をめざす農業政策論であるとともに、植民地に原住する異民族をどう扱うかという民族政策の研究でもあった。内国植民政策は原住民族を滅ぼし自民族の経済的繁栄をめざす政策であり、これを日本にあてはめれば、アイヌモシリを和人支配下の「北海道」に転換する政策だった。この政策をおし進めるための学問が植民学だったといえる。

しかし、高岡も、そしてかれの植民論を受けついだ高倉新一郎も、一八九九年の北海道旧土人保護法の制定をもって、アイヌ民族はほぼ和人社会に同化し、北海道の植民政策は終了したと考えた。

それとともに、植民学講座の研究対象は、植民から拓殖（開拓・開発）へと転換された。民族政策を軸とした植民と異なり、開拓は自然に対する活動とみなされた。それは原住民族の不在のうえに可能となる活動だったのである。要するに、「開拓」の研究とは、アイヌ民族がすでに和人に同化し、「消滅」したという前提で成立する学問だった。その後、研究者たちが民族問題を取り上げることはなくなった

林善茂はこうした学問的系譜のもとに北海道経済史を講じていた。とすれば、アイヌ民族が同化消滅したという林の発言は、林の個人的見解ではなく、開拓や開発を論じる研究者たちの了解事項だったと言えるだろう。[注1]「学問」そのものが、林の発言を支えていたのである。しかも、その学問は開拓政策を支える札幌農学校の根幹をなす学問だった。「北海道経済史」における、アイヌ民族は同化し消滅したという発言は、大学の基本的成り立ちに由来する発言でもある。

学問による差別

林善茂は当初、自分の発言は学問的見解であるから、差別にあたらない、と主張した。林だけでなく多くの研究者たちが、同様な見解を表明し続けてきた。[注2]この見解の前半部分は、正しいと

いえる。学問そのものがアイヌ民族の同化消滅を推し進めてきたのである。

しかし、後半部分、つまり、差別にあたらないという見解については、同じことは当てはまらない。林の発言が差別的だったとすれば、学問そのものが差別的だったということである。

そもそも、学問的発言だから差別にならない、とはどういう意味だろうか。それは真理や、真理の探求としての学術的研究は、それ自体が一つの絶対的価値であるから、他の価値にもとづいて非難されたり、侵害されたりはしない、ということだろうか。あるいは、事実判断（真理）と価値判断（差別）は論理的な矛盾関係に立たない、といった古くからの哲学的・論理学的議論に由来するのだろうか。

最初の観点について言えば、はたして人権や正義や幸福といったさまざまな価値を犠牲にして、つねに真理が優先されるべきだと言えるだろうか。二番目の視点についても、偏見や利害にもとづく研究者の恣意が研究結果をゆがめてならないとは言えても、純粋に論理的な議論を離れて実際の学術活動について見れば、文化的環境や歴史的制約からまったく自由な研究が存在しないことも確かである。

いずれにせよ、こうした見解は科学研究がまだ社会的に脆弱で、既成の権力からの保護を必要とした時代には重要な議論だったかもしれない。あるいは、科学的研究というものが、社会から独立した中空で演じられるものであれば、そうした見解もありえる。

しかし、実際には学術研究は社会の中に一定の位置をもつだけでなく、今日では体制に組込まれた一機構として機能している。こうした時代にあっては、学問の客観性という観念は慎重に議論されなければならない。

そもそも学問的研究成果が客観的真理であるという主張自体が、すでに長いあいだ疑問にさらされてきた。たとえ「真理」を絶対的だと認めるとしても、人知は相対的であり、科学的理論もあくまでも一つの仮説にすぎない。[注3] 知識は社会にはたらきかけ、社会もまた知識に介入している。文化的背景や政治的立場や経済的利害からまったく独立した研究活動などありえない。たとえ学問的で客観的な知識であっても、差別を生み出し、人びとを不幸におとしいれるかもしれない。差別をうみ出すなら、それを解消し被害を償う必要も生じる。たとえ「真理」であっても、他の諸価値を尊重する義務があるだろう。[注4]

これらをいっさい無視して、なお「学問的」であることを理由に「差別にあたらない」と言い張るとすれば、それは学問を権力として用いることにほかならない。

「学問の自由」

もう一つ、一九七七年の事件との関連で考えておきたいのは、差別講義事件の際に経済学部教授会が「言論の自由」や「学問の自由」を理由に講義への介入を拒んだことである。問題は、そこで守られた「言論」の性格にある。

北海道大学の前身である札幌農学校は、明治政府の開拓政策のために設置された学校だった。

植民学もまた開拓を遂行するために開講された学問である。林善茂の講義も当然ながらこの延長線上に位置する。「北海道経済史」における、アイヌ民族は消滅したという発言は、大学の基本的成り立ちに由来する発言である。要するに、そこで講じられていたのは、体制側の政策に則った言論だった。

したがって、講義内容について批判の声があがったとき、「学問の自由」や「言論の自由」を盾にして守られたのは、権力や暴力によって抑圧された人びとの言葉でなく、体制側の言論だった。そのいっぽうで、アイヌ民族からの問いかけは話し合いの場を与えられることなく、最終的に警察権力によって排除された。

「言論の自由」は権力や暴力から守られるべき個人の権利である。それは権力の乱用や暴力の恐怖に対抗するための重要な手段として必要な自由と言える。学問研究に自由が認められるのも、同様の理由にもとづくと言えるだろう。日本においても、戦前の言論統制の結末を踏まえて、戦後の憲法には学問の自由が明記されている（第二三条）。一般の組織と異なり大学の教授会には特別な権限が与えられてきた。[注5]

ところが、差別講義事件に際しては、権力に抗するためでなく、権力を行使するために、「学問の自由」が用いられた。「自由」の名において、批判の自由が抑え込まれ、少数者から言論の自由が奪い去られたのである。これはむしろ「言論の自由」の本来の意味をゆがめ、その価値をおとしめる行為だったと言えるのではないだろうか。[注6]

侮蔑的発言

結城の二つめの問いについて見れば、北海道の歴史への視点が植民から開拓に移行したことによって、アイヌ民族はいわば歴史の中の居場所を奪われることになった。植民活動にあっては、たとえあくまでも植民者の都合にそった内容であったとしても、原住民族は植民政策の対象としてその存在が学問的に位置づけられており、その位置づけにしたがって状況が報告され、植民政策の適否が論じられた。

ところが、開拓政策において原住者たちは、本来存在しないはずの人びととみなされ、あたかも開拓の中の不協和音のごとく扱われた。たとえば高倉新一郎は、アイヌ民族をほぼ和人に同化したものと語りながら、いっぽうで和人とアイヌとの差異を強調し、同化しきれないアイヌの「みじめな」姿を描き出した。それだけでなく、アイヌが差別的・侮辱的な扱いを受けるのは、アイヌ自身の責任であるとさえ言いきった。

このように、アイヌ民族の身体的特徴や容貌について侮蔑的発言を繰り返した学者は林善茂だけではない。またこうした発言は発言者の個人的特性のみに由来するものでもない。アイヌ民族は、「開拓の進展」との対比を通して、これに乗り「おくれた」「みじめな」人びととみなされたのである。アイヌ民族への侮蔑もまた「開拓」を尺度にして行なわれた。ここでもまた、学問や大学が民族差別に形を与えていた。

植民学の隠蔽

結城の第三の指摘については、「アイヌ問題」や「タブー視」をどのような次元でとらえるかによって、その解釈は変わってくるだろう。しかし、少なくともある時期から、「学問」が北海道におけるアイヌ民族の存在を正面から取り上げなくなったことは事実である。

敗戦により日本が海外植民地を失うと、植民学を標榜する学問は大学から姿を消した。研究者もこの転換に素早く対応した。高倉新一郎は戦後間もなく『北海道拓殖史』を発表し、植民学から開拓史へと研究フィールドを転換した。

植民学の継続は、植民地の存在ないし植民政策の持続を意味する。それはまた、民族問題の存在を暗示することとなる。

しかし、それだけでなく、植民学と開拓史研究との間には、理論的な不整合があった。植民学は原住民族の存在を前提とする。いっぽう、開拓は異民族の不在のうえに成り立っている。北海道の歴史を開拓の歴史として押し通すには、異民族の存在を前提とする植民学は不都合だった。海外植民地の喪失だけでなく、開拓史観の徹底にとっても、植民学は忘れられる必要があった。

戦後になると、開拓史観を批判し乗り超えるものとして、「辺境論」ないし「内国植民地論争」が現われた。この論争は、「植民地」としての北海道という議論を復活させたが、しかしそこで論じられた「内国植民地」概念は、民族問題をまったく含まない「経済的意味における植民地」だった。それは、和人によるアイヌモシリへの植民ではなく、内地と北海道との間にあるさまざまな差別や不平等の告発だった。

北海道の置かれた状況を批判的に検討する作業の重要性に、異議を唱えるつもりはない。しかし、結果的にこの「植民地」概念は、北海道をめぐる言説からアイヌ民族をますます遠ざけることになった。経済的・社会的問題を論じることで、北海道の「植民地性」を論じ尽せるかの錯覚が生まれ、「植民地」に言及しても民族問題が素通りされるようになったのである。

こうして、植民学の記憶の喪失とともに、民族問題は置き去りにされた。内国植民地論争によって「植民」はむしろ奥深く封じ込められ、アイヌ民族の存在は語られなくなった。

事件以後

一九七七年の事件が人びとの視線を一時的に民族問題の方向に向けたことは確かである。結城庄司は林善茂と高倉新一郎を一体のものとして批判し、学生たちは林個人の発言の背後にある学問の責任に言及した。研究者たちもアイヌ民族の存在を抜きに、辺境論や内国植民地論を展開することの偏りに気づきはじめた。一九八〇年代になると、アイヌ民族への言及なしに北海道の歴史を論じえない状況になった。

しかし、植民学の記憶は回復しなかった。

事件後も研究者たちの姿勢に大きな変化は見られなかった。植民学研究の中心にいた高倉新一郎自身、一九七〇年代以降は「植民地」を格差の問題として論じはじめただけでなく、北大植民学を民族問題から切り離す素振りさえ見せるようになった。

周辺の研究者たちも忘却に加担した。北海道大学の植民学講座の学問的伝統を農業移民論や過剰人口対策に求め、民族問題研究をその本流からはずそうとする傾向が強まったのも、この時期にほかならない。一九八〇年代になって北大植民学や関連領域の学問的系譜について書かれた多くの論稿は、高岡熊雄の「内国植民論」を論ずる場合も、話を経済的・社会政策的側面に限定し、原住民族政策には触れなかった。その後、『アイヌ政策史』を系譜中の例外的事例とみなす論文もあらわれた。一九七七年の事件をへて、むしろ北大植民学から民族問題を切り離そうとする意向がいっそう強まったかに見える。

しかし、そのいっぽうで新しい「内国植民地論争」は、植民地状態が過去の出来事でなく、現在に継続する状態であると論じた。このことによって、研究者も含めて「北海道民」は、植民者でなく植民される人びとに位置づけられることになった。同じ植民地住民として、研究者はあたかもアイヌ民族のかたわらに立つ友人であるかのように振るまうことさえ可能になったのである。

このような錯覚の中にある人びとに、たとえ学問の差別性を指摘したとしても、かれらの眼にはいわれのない「糾弾」と映ったにちがいない。事件後も高倉新一郎は結城庄司の批判を受け止めようとしなかった。一九八五年、アイヌ民族のチカップ美恵子が、高倉らが監修した『アイヌ民族誌』に掲載された写真をめぐって肖像権侵害と差別的研究に対する謝罪を求める訴訟を起こしたが、この裁判の被告人尋問の中で高倉は、一九七七年の事件について問われて、「林君がひどい目に会われた」事件であり、「私らは林君のほうが被害者だと思って」いると答えた。林の発言がアイヌ民族への侮蔑でなかったかという問いかけには、「知らない」という返答を繰り返した（現代企画室編集部一九八八、二一九 - 二二一）。

一九八〇年代になっても、いぜんとして「学問」は結城の問いかけに取り合おうとしなかった。

植民状態の継続

はたして、北海道の植民地状態は解消したのだろうか。もちろん、農業経済学者たちの唱えた「経済的意味における内国植民地」としてではなく、高岡熊雄以来の植民地として。

高岡熊雄の内国植民論からすれば、何らかの意味で原住者が消滅し、民族的対立がなくなれば、植民状態も終了することになる。

では、北海道の現在については、どう理解するべきなのか。

高岡熊雄も高倉新一郎も、そして林善茂も、アイヌ民族は同化消滅したとみなした。しかし、結城庄司の批判に見られるように、なおアイヌ民族として生きる人びとが存在する以上、これは事実ではない。そうした人びとを和人社会に同化吸収するという政策は、現実的にも倫理的にも完遂されなかった。現在では、アイヌ民族が先住民族であることが、不完全ではあれ認められつ

つある。注7

では、北海道はいまもなお植民地状態にあるということだろうか。原住民族が存在する限り、植民地は消失しないと考えるべきなのだろうか。原住者を同化吸収しなければ、植民地状態は永遠に続くのだろうか。それとも和人が立ち去るべきなのか。

かならずしもそう考える必要はないように思われる。

植民地は永遠ではない。原住者と植民者とがともに生活しつつ、なお植民地状態を脱する途を探ることが肝要である。

それが可能になるのは、おそらく原住者と植民者が真の意味で共存できる状態が実現した時と言えるだろう。原住者に対して先住民族としての正当な地位や権利が回復され、原住者と植民者が納得のうえで共存していくことが可能になったときに、はじめて植民地状態を脱したと言えるのではないだろうか。

しかし、そのように理解した場合、現在の北海道は植民地状態を脱したと言えないように思われる。

なるほど、高岡熊雄や高倉新一郎は植民政策の終了を宣言した。今やほとんどの「北海道民」は、民族問題の存在さえ忘れている。

しかし、それはアイヌ民族の存在を無視し、植民の事実を「開拓」の名で覆い隠すことによって為されたことだった。その過程でアイヌ民族の土地や財産がうばわれ、生活や文化が破壊された。これらの多くのものが、いぜんとして回復されないままになっている。いまだ先住民族としてのアイヌ民族の立場は、十分に保障されたとは言いがたい。

そのかぎりで北海道はいまだ植民地である。

いつになれば、この状態は解消されるだろうか。そして、どのようにすればそれは実現するだろうか。

過去と未来

二〇一二年二月、二人のアイヌ民族の老人が支援者とともに北海道大学を訪れた。北海道大学医学部に保管されている祖先の遺骨の返還を求める話し合いのためだった。
北海道大学医学部は昭和初期以来、北海道、樺太、千島で数多くのアイヌ墓地を発掘し、研究用として一〇〇〇以上の遺骨を持ち去った。それらは、研究に用いられなくなった後も、学内に放置されたままになっていた。一九八〇年代に当時の北海道ウタリ協会の要請によりごく一部が返還されはしたが、大半は学内の「納骨堂」に残されたままになっている。注8
老人たちの申し入れに、北海道大学は返還どころか話し合いにさえ応じなかった。訪問当日、大学の玄関は、あたかも犯罪者の侵入に備えるかのように警備員で固められ、雪の舞う玄関先で押し問答の末、老人たちは追い返された。同様な対応は、東京大学など他の大学でも繰り返されている。

こうした出来事は、機動隊を導入した差別講義事件の記憶をよみがえらせる。一九七七年当時から現在にいたる間に、北海道旧土人保護法は廃止され、二風谷ダム裁判[注9]ではアイヌ民族を先住民族と認める判決が下された。アイヌ民族をめぐる状況は変化したかに見えたが、大学の態度は変わっていない。

こうした状況は、大学がみずからの過去を明らかにし、それに対する姿勢を決定しえていないことに由来するように思われる

北海道大学の根幹は「開拓」にあった。「開拓」を実現するために植民学が講じられた。それはアイヌ民族を同化消滅させ、和人による北海道を実現するための学問にほかならない。

この過去をいったいどう扱うつもりなのだろうか。忘れてしまえばよいというのだろうか。しかし、それは現在も大学がこの過去の延長線上に位置し、これからも同じ途を歩み続けることを意味する。それは北海道大学が植民地の大学であり続けることにほかならない。そのような大学が、たとえ先住民族に関する研究や教育を強化し、アイヌ民族の「文化」や海外の民族差別問題にとりくんだとしても、大学の根幹が変らぬままでは、アイヌ民族との緊張関係はとけないだろう。

過去に向き合うことは、過去を糾弾することではない。どのような未来を築こうとするか、その決意を明確にすることである。

注1　誤解のないように述べておくが、研究者たちに共有されていたからといって、その見解が正しいとか真理であるといったことではない。学者の言ったことであるという理由で、自己の主張の正しさを押し通すという風潮が、とくに少数者に対する発言でしばしば見られるが、むしろそうした「学問的見解」の権力的作用を明らかにしようとするのが、本書のモチーフにほかならない（植木二〇〇六、二〇〇九など）。

注2　この見解は、アイヌ民族からの批判があるたびに繰り返されてきた。たとえば、一九八五年にアイヌ民族のチカップ美恵子が『アイヌ民族誌』の著者や監修者（その一人は高倉新一郎である）を相手に起こした民事裁判で、『アイヌ民族誌』の内容の差別性を指摘された被告側は、たとえその内容にアイヌ民族を傷つけるものが含まれていても、学問的研究であれば差別とはみなされない、と反論した。最終的にこの裁判は和解が成立し、研究者側が原告に謝罪することとなった（現代企画室編集部一九八八、植木二〇〇六）。

注3　このことは必ずしも認識相対主義や、まして真理探究の否定を意味するものではない。科学理論がすべて仮説であり、つねに誤謬の可能性を含むこと、さらには、誤謬の可能性の大きさが理論としての内容の豊富さの証しであることを主張したのは、合理主義者のカール・ポパー（一九八〇など）にほかならない。さらに、ファイヤアーベント（一九九二）など参照。

注4　これはファイヤアーベント（一九九二）がかつてから主張していた点にほかならない。

注5　とはいえ、近年、学問の自由は制限を受ける方向に進んでいる。たとえば、大学内の教授会の位置づけについてみれば、一九四七年に制定された学校教育法で「重要な事項を審議するため」とされていた教授会は、「大学運営における学長のリーダーシップの確立」のための学校教育法の改正により、

二〇一五年四月から「教育研究に関する重要な事項」について「意見を述べる」ことに改められ、教授会の権限が大幅に限定された。

注6　近年になって顕在化しているいわゆるヘイトスピーチもまた、言論の自由を名目に、在日朝鮮人やアイヌ民族への暴力的言動を正当化しようとしている。権力にではなく、弱者や少数者に対して、言論による攻撃の矛先を向けるという点で、差別発言をめぐる大学の対応と共通している。

注7　二〇〇七年九月に国際連合総会で「先住民族の権利に関する国際連合宣言」が採択され、衆参両院は翌二〇〇八年六月「アイヌ民族を先住民族とすることを求める決議」を全会一致で採択した。これを受けて政府は、二〇〇九年に「アイヌ政策推進会議」を設け、その報告を受けて「民族の共生の象徴となる空間」の整備を閣議決定した。

注8　研究者によるアイヌ遺骨発掘の経緯について、くわしくは植木（二〇〇八）、北大開示文書研究会（二〇一四）など。

注9　北海道平取町二風谷のアイヌ聖地へのダム建設をめぐって、二風谷文化資料館長萱野茂と北海道ウタリ協会副理事長貝沢正（肩書はともに当時）が水没予定地の強制収容の決定取り消しを求めて起こした行政訴訟。一九九九年札幌地方裁判所は建設省の事業認定と北海道収用委員会の収用裁決を違法とするとともに、判決文の中でアイヌ民族の先住性を明確にした（萱野・田中一九九九、小笠原信之二〇〇一など）。

文献

浅田喬二　一九九〇：『日本植民地研究史論』、未來社
飯部紀昭　一九九五：『アイヌ群像―民族の誇りに生きる』、御茶の水書房
石塚喜明　一九八二：「北海道農業と北大」、『北大百年史通説』、六八五‐九八
井上勝生　一九九八：「佐藤昌介『植民論』講義ノート―植民学と札幌農学校」、『北海道大学文学部紀要』第四六巻第三号、一‐三九
――　二〇〇五a：「佐藤昌介『植民論』初期講義ノート（上）―札幌農学校と植民学（二）」、『北海道大学文学研究科紀要』第一一五号、一‐三〇、
――　二〇〇五b：「佐藤昌介『植民論』初期講義ノート（中）―札幌農学校と植民学（三）」、『北海道大学文学研究科紀要』第一一六号、一‐三三
――　二〇〇六a：「札幌農学校と植民学の誕生―佐藤昌介を中心に」、酒井哲哉責任編集『岩波講座「帝国」日本の学知―第一巻「帝国」編成の系譜』、岩波書店、一一‐四一
――　二〇〇六b：「佐藤昌介『植民論』初期講義ノート（下の一）―札幌農学校と植民学（四）」、『北海道大学文学研究科紀要』第一二〇号、七五‐九三
――　二〇〇七a：「札幌農学校と植民学―佐藤昌介を中心に」、『北大百二十五年史―論文・資料編』、一一一‐六二
――　二〇〇七b：「佐藤昌介『植民論』初期講義ノート（下の二）―札幌農学校と植民学（五）」、『北海道大学文学研究科紀要』第一二三号、一‐一九
――　二〇一三：『明治日本の植民地支配―北海道から朝鮮へ』、岩波書店
井上高聡　二〇一〇：「林善茂関係資料」、『北海道大学大学文書館年報』第五号、一八六‐九五
今西一　二〇〇〇：『国民国家とマイノリティ』、日本経済評論社
――　二〇〇七a：「帝国日本と国内植民地―『内国植民地論争』の遺産」、『立命館言語文化研究』第一九巻第一号、一七‐二七
――　二〇〇七b：「近代日本と国内植民地―北海道の事例を中心に」、『立命館言語文化研究』第一九巻一号、二三七‐四二
植木哲也　二〇〇四：「隠された知―アイヌ教育と開

拓政策」、『苫小牧駒澤大学紀要』第一二号、一七-三二
――　二〇〇六：「アイヌ研究と知の権力」、『科学技術社会論研究』第四号、一四二-五一
――　二〇〇八：『学問の暴力―アイヌ墓地はなぜあばかれたか』、春風社
――　二〇〇九：「知は権力なり―社会的現象としての認識」、『哲学年報』第五六号、三五-五三
榎本守恵　一九七六：『北海道開拓精神の形成』、雄山閣出版
蝦名賢造　一九九五：「〔補論〕札幌農学校〝学派〟の形成と高岡熊雄博士の地位」、高岡熊雄著・蝦名賢造編『イタリア領リビア開発政策史論』、北海学園大学開発研究所、三五六-八一
榎森　進　一九八二：『北海道近世史の研究―幕藩体制と蝦夷地』、北海道出版企画センター
――　一九九七：『増補改訂北海道近世史の研究―幕藩体制と蝦夷地』、北海道出版企画センター
――　二〇〇七：『アイヌ民族の歴史』、草風館
――　二〇一五：「歴史から見たアイヌ民族―小林よしのり氏の『アイヌ民族』否定論を批判する」、岡和田・ウィンチェスター編『アイヌ民族否定論に抗する』、河出書房新社、三九-四四、（初出は二〇〇九年）
太田　竜　一九七三：『アイヌ革命論』、新泉社
大田原高昭　一九七九：「農業経済学の形成と川村琢の位置」、湯沢誠編『農業問題の市場論的研究』御茶の水書房、八五-一〇四
大庭幸生　一九九六：「解説」、『高倉新一郎著作集第三巻―移民と拓殖［一］』、北海道出版企画センター、九-二四
小笠原正明　二〇〇八：『佐藤昌介伝―北大を築いた南部人』、岩手日報社
小笠原信之　二〇〇一：『アイヌ近現代史読本』、緑風出版
小川正人　一九九七：『近代アイヌ教育制度史研究』北海道大学図書刊行会
岡和田晃、マーク・ウィンチェスター（編）二〇一五：『アイヌ民族否定論に抗する』、河出書房新社
小熊英二　一九九八：『〈日本人〉の境界―沖縄・アイ

ヌ・朝鮮　植民地支配から復帰運動まで』、新曜社
奥山　亮　一九五〇：『新考北海道史』、北方書院
――　一九五八：『北海道史概説』、みやま書房
――　一九六四：『北海道史研究のあゆみ』、北海道地方史研究会
――　一九六六：『アイヌ衰亡史』、みやま書房
海保嶺夫　一九七六：「北海道の『開拓』と経営」、岩波講座『日本歴史一六―近代三』、一七九‐二一二
金子文夫　一九七九：「日本における植民地研究の成立事情」、小島麗逸編『日本帝国主義とアジア』、アジア経済研究所、四九‐九二
萱野茂・田中宏（編）一九九九：『アイヌ二人の叛乱　二風谷ダム裁判の記録』、三省堂
木名瀬高嗣　二〇〇九：「高倉新一郎における『郷土』―『植民学』と『人間学』のあいだ」、『科学史研究』第四八巻第二五二号、岩波書店、二四一‐五
黒田謙一　一九四二：『日本植民思想史』、弘文堂
桑原真人　一九八二：『近代北海道史研究序説』、北海道大学図書刊行会
桑原真人・川畑恵　二〇〇一：「解説」、桑原真人・我部政男編『蝦夷地と琉球』、吉川弘文館、三一七‐三八
現代企画室編集部（編）一九八八：『アイヌ肖像権裁判・全記録』、現代企画室
小池勝也　一九八二：「北海道辺境論に関する一試論―地域経済と開発に関する分析」、『北海道経済調査』第二号（第三分冊）
河野常吉　一九一一：「函館区史編纂に付報告」、函館区役所編『函館区史』
小枝弘和　二〇一〇：『William Smith Clarkの教育思想の研究―札幌農学校の自由教育の系譜』、思文閣出版
小松善雄　一九九〇：「現段階の辺境・内国植民地論についての考察―北海道経済史・経済論に関連して（上）」『オホーツク産業経営論集』第一巻第一号、東京農業大学産業経営学会、一七‐四五
――　一九九一：「現段階の辺境・内国植民地論についての考察―北海道経済史・経済論に関連して（中）」『オホーツク産業経営論集』第二巻第一号、

東京農業大学産業経営学会、二一-五一
――　一九九二：「現段階の辺境・内国植民地論についての考察―北海道経済史・経済論に関連して（下・完）」『オホーツク産業経営論集』第三巻第一号、東京農業大学産業経営学会、四七-七六
斉藤　仁　一九五七：『北海道農業金融論』、東洋経済新報社
崎浦誠治　一九八二：「北海道農政と北大」、『北大百年史―通説』、六九九-七一九
佐藤昌介　一八八六：「米国農学校の景況及び札幌農学校組織改正の意見」、〈『北大百年史―札幌農学校史料（二）』一九八一年、二五-四四〉
――　一八八八：「大農論」、『農学会会報』第三号、八-二六
――　一八八九：「殖民論」、『殖民雑誌』第一号、四-一〇
新谷　行　一九七二：『アイヌ民族抵抗史―アイヌ共和国への胎動』、三一書房
――　一九七七：『アイヌ民族と天皇制国家』、三一書房
――　一九七九：『コタンに生きる人びと』、三一書房
鈴木敏正　一九八四：「『辺境論』の論理的段階について」、『社会教育研究』第五号、三-一四
鈴木真由美　一九八三：「高橋三枝子『続北海道の女たち　ウタリ編』を糾弾する」、『読書北海道』第六六号、三
関　秀志ほか　二〇〇六：『新版北海道の歴史　下―近代・現代編』、北海道新聞社
高岡熊雄　一八九九：『北海道農論』、裳華房
――　一九〇六a：『普魯西内国殖民制度』、台湾日日新報社
――　一九〇六b：「現時普魯西内国植民ノ動機ヲ論ズ」、『国家学会雑誌』第二〇巻第九号、〈高岡一九二二c、二八四-三二六〉
――　一九二二a：「内地植民問題」、『日本社会学院年報』第九年（三、四、五合冊）、五四九-七五、（一九二二年一〇月三〇日の大会記事）

――一九二二b：「戦後独逸農業界ノ改造ト内国植民」、『中央公論』第三七年第三号、〈高岡一九二二c、三八六 - 四一二〉
――一九二二c：『農政問題研究』、成美堂書店
――一九二六：「植民界に於ける二大運動に就て」、『改造』一九二六年八月号、改造社、七一 - 八四
――一九三二：「満蒙移民問題」、『中央公論』第四七年第一三号、〈高岡一九三六、二三四 - 七四〉
――一九三五：『樺太農業植民問題』、西ヶ原刊行会
――一九三六：『第三農政問題研究』、成美堂書店
――一九三八：「満州農業移民と日本の農業界」、『日本学術協会報告』第一三巻第三号、三一一 - 九
――一九四三：「開会の辞―日本拓殖研究の必要」、『大日本拓殖学会年報』第一号、日本評論社、七一 - 八
――一九五六：『時計台の鐘―高岡熊雄回想録』、楡書房
高木博志　一九九三：「ファシズム期、アイヌ民族の同化論」、赤澤史朗・北河賢三編『文化とファシズム』、日本経済評論社、二四七 - 八三
高倉新一郎　一九三六：「アイヌ問題随想」、『北海道社会事業』第五六号
――一九四二a：『アイヌ政策史』、日本評論社
――一九四二b：『北辺・開拓・アイヌ』、竹村書店
――一九四七：『北海道拓殖史』、柏葉書院、〈復刻版、北海道大学図書刊行会、一九七九年〉
――一九五六：『北海道小史』、楡書房
――一九六六：『アイヌ研究』、北海道大学生活共同組合
――一九七八：「北海道開発の推移」、『開発論集』第二五号、一 - 五
――一九八七：「北に学ぶ」、北海道新聞社編『私のなかの歴史7』、北海道新聞社、八四 - 一一一

——一九九五a：『高倉新一郎著作集第一巻—北海道史（一）』、北海道出版企画センター
——一九九五b：『高倉新一郎著作集第二巻—北海道史（二）』、北海道出版企画センター
——一九九六a：『高倉新一郎著作集第三巻—移民と拓殖（一）』、北海道出版企画センター
——一九九六b：『高倉新一郎著作集第四巻—移民と拓殖（二）』、北海道出版企画センター
——二〇〇〇：『高倉新一郎著作集第九巻—地域史』、北海道出版企画センター
高倉新一郎ほか一九八三：「高倉新一郎先生に聞く」、『北海道史研究』第三三号、一-五〇
高橋三枝子　一九八一：『続・北海道の女たち＝ウタリ編』、北海道女性史研究会
竹内　渉　二〇〇九：『北の風　南の風—部落、アイヌ、沖縄。そして反差別』、解放出版社
竹野　学　二〇〇七：「植民地開拓と『北海道の経験』—植民学における『北大学派』」、『北大百二十五年史—論文・資料編』、一六三-二〇一
田中　彰　一九七六：『日本の歴史第二四巻—明治維新』、小学館
——一九八二：「札幌農学校と米欧文化」、『北大百年史—通説』、四八七-五〇五
——一九九五：「北海道史あれこれ」、『高倉新一郎著作集月報№1』、一-三、北海道出版企画センター
田中　修　一九六七：「いわゆる辺境概念をめぐる諸問題」、『開発論集』第五号、北海学園大学開発研究所、五-一九
——一九八六：『日本資本主義と北海道』、北海道大学図書刊行会
田中愼一　一九八二：「植民学の成立」、北海道大学編『北大百年史—通説』、五八〇-六〇二
谷本晃久　二〇一四：「林善茂先生座談—アイヌ農耕文化研究を振り返って」、『北方人文研究』第七号、一〇九-一二一
田端宏・桑原真人・船津功　一九七七：「北海道史を考える—概説書であつかわれた近代史の検討を中心として」、『松前藩と松前—松前町史研究紀要』第一〇号、松前町史編集室、一三七-五二

田村貞雄　一九九二：「内国植民地としての北海道」、『岩波講座近代日本と植民1―植民地帝国日本』岩波書店、八七 - 九九
千葉燎郎　一九八四：「北海道農業論の形成と課題―第一次世界大戦前を対象に」、湯浅誠（編）『北海道農業論』、日本経済評論社、三 - 二八
東京アイヌ史研究会（編）　二〇〇八：『《東京・イチャルパ》への道―明治初期における開拓使のアイヌ教育をめぐって』、現代企画室
内藤隆夫　二〇一一：「北海道近代史研究のための覚書」、『経済学研究』第六一巻三号、二一 - 三五
永井秀夫　一九六六：「北海道と『辺境』論」、『北大史学』第一一号、六六 - 七三
――――　一九九六：「辺境の位置づけについて―北海道と沖縄」、『北海学園大学人文論集』第六号、一〇一 - 二六
――――　二〇〇七：『日本の近代化と北海道』、北海道大学出版会
長岡新吉　一九八二：「北大における満蒙研究」、『北大百年史―通説』七四六 - 六一
中島九郎　一九五五：「北大の父佐藤昌介先生―クラークの子」、『北大季刊』第九号、二 - 一一
――――　一九五六a：「北大の父佐藤昌介先生（その二）」、『北大季刊』第一〇号、二 - 一七
――――　一九五六b：「北大の父佐藤昌介先生（その三、完）」、『北大季刊』第一一号、二 - 一九
新渡戸稲造　一九一一：「植民ナル名辞ニ就キテ」、『法学協会雑誌』第二九巻第二号、一 - 一一
林　善茂　一九六五：『北海道の開拓史』、室蘭製鉄所教育部
――――　一九六九：『アイヌの農耕文化』、慶友社
――――　一九七一：「北海道百年史」、『工業教育』第一九巻第一号、九 - 一九
――――　一九九二：「高倉先生の学恩」、高倉新一郎著作集刊行会『青嵐に昇華す―高倉新一郎追悼集』、北海道出版企画センター、七二 - 五
番匠健一　二〇一二：「北大植民学における内国植民論と社会政策論―高岡熊雄のドイツ内国植民研究の

再検討」、『Core Ethics』第八号、立命館大学大学院先端総合学術研究科、三五一‐六一
ファイヤアーベント、パウル　一九九二：『理性よ、さらば』植木哲也訳、法政大学出版局
福島新吾　一九六七：「明治期における植民主義の形成」、『思想』一九六七年一月号（第五一一号）、岩波書店、八五‐九八
藤本英夫　一九八三：『アイヌ学への歩み』、北海道出版企画センター
北大開示文書研究会（編）　二〇一四：『アイヌの遺骨はアイヌのもとへ』、北大開示文書研究会
保志　恂　一九六三：「北海道農業の形成」、『北海道農業発達史』上、北海道立総合経済研究所、一一‐九一
北海道大学（編）　一九八二a：『北大百年史―通説』、ぎょうせい
――――　一九八二b：『北大百年史―部局史』、ぎょうせい
――――　一九八二c：『北大百年史―札幌農学校史料（一）』、ぎょうせい
――――　一九八二d：『北大百年史―札幌農学校史料（二）』、ぎょうせい
北海道百年記念施設建設事務所（編）一九六九：『北海道百年記念事業の記録』、北海道
ポパー、カール・R　一九八〇：『推測と反駁―科学的知識の発展』藤本隆志ほか訳、法政大学出版局
ましこ・ひでのり　二〇〇二：『日本人という自画像―イデオロギーとしての「日本」再考』、三元社
マルクス、カール　一九六五：『世界の大思想二一―資本論4第三部下』長谷部文雄訳、河出書房新社
丸山隆司　二〇〇二：『〈アイヌ〉学の誕生―金田一と知里と』、渓流社
宮島利光　一九九六：『アイヌ民族と日本の歴史』、三一書房
モーリス＝鈴木、テッサ　二〇〇〇：『辺境から眺める―アイヌが経験する近代』大川正彦訳、みすず書房
矢内原忠雄　一九二六：『植民及植民政策』、有斐閣

山田定市 一九八九：「北海道の主体形成」、『日本の科学者』第二四巻第一一号、二二一-八
山田伸一 二〇一二：『近代北海道とアイヌ民族―狩猟規制と土地問題』、北海道大学出版会
結城庄司 一九八〇：『アイヌ宣言』、三一書房
――― 一九九七：『チャランケ―結城庄司遺稿』、草風館
湯沢 誠 一九五八：「問題と方法」、伊藤俊夫編『北海道における資本と農業―酪農業と甜菜糖業の経済構造』、農業総合研究所、一-六
横井敏郎 一九九四：「高岡熊雄の農政・植民論―帝国主義形成期の一社会政策論として」、『札幌の歴史』第二六号、札幌市教育委員会、一-一五

レーニン、ウラジーミル・イリイチ 一九五四：『レーニン全集 第三巻』マルクス＝レーニン主義研究会訳、大月書店

Howell, L. David 2008: "Is 'Ainu History' 'Japanese History'?", *Journal of Northeast Asian History*, vol.5, (1) , 121-42.

——— 2009: "Gakumon no Boryoku: Ainu Bochi wa Naze Abakareta ka (The Violence of Scholarship: Why Were Ainu Graves Desecrated?)", *Social Science Japan Journal*, vol.12(2), 294-7.

Siddle, Richard 1993 : "Academic Exploitation and Indigenous Resistance ; the Case of Ainu", Loos, Noel and T. Osanai(eds) 1993: *Indigenous Minorities and Education; Australian and Japanese Perspectives of their Indigenous Peoples, the Ainu, Aborigines and Torres Strait Islanders*, Sansyusha Publishing Co. Ltd. 40-51.

——— 1996 : *Race, Resistance and the Ainu of Japan*, Routledge.

Takaoka Kumao 1904: *Die innere Kolonisation Japans*, Verlag von Duncker & Hmblot, Leipzig.

あとがき

北海道大学の大学院で学んでいたころ、一人の友人から「北大は植民地の大学だ」と言われたことがあります。「わが意を得たり」とばかり、わたしは北海道で研究を続ける困難を語り、「中央」との格差を並べ立てました。

ところが、意外なことに、友人は困惑気味に「植民地とはそういうことか?」とつぶやいただけで、それ以上なにも語ってくれませんでした。当時のわたしに、かれの真意を理解することはできませんでした。

そのことに気づいたのは、かなり後のことです。科学哲学から科学社会論に関心が広がり、学問と先住民族という問題を調べはじめたころ、自分が「植民地」の意味を根本的に誤解していたことに、やっと思い至ったのです。

というわけで、本書はわたし自身の無知と未熟を少しでも取り返そうという、個人的な動機に端を発しています。しかし、調べ始めると、この問題が自分の学んでいた大学や日本の学術研究の根幹にかかわることがわかってきました。まだそのごく一部しか調べきれていないことは痛感していますが、まずは読者のみなさまのご批判とご教示を仰ぎたいと思います。

本書の主要部分は、苫小牧駒澤大学『環太平洋・アイヌ文化研究』の第八号（二〇一一年）から第一〇号（二〇一三年）に「植民学講座のアイヌ民族研究」と題して三回にわたって連載した論文を下敷きにしています。大幅に加筆修正を施したことは言うまでもありません。また一部には東アジア教育文化学会のシンポジウムや苫小牧市民講座などで公表した内容を含んでいます。なお、本文中では敬称は略させていただきました。

最後になりましたが、出版にお力をお貸しくださった方々、とくにフリージャーナリストの平田剛士氏と緑風出版の高須次郎氏にお礼を申し上げます。

二〇一五年六月

植木哲也

[著者略歴]

植木　哲也（うえき　てつや）

1956年生まれ。北海道大学文学部卒業。同大学院博士課程退学。苫小牧駒澤大学教授、東北大学博士（学術）。専門は哲学。

著書に『学問の暴力—アイヌ墓地はなぜあばかれたか』（春風社）、訳書にファイヤアーベント『理性よ、さらば』、グランジェ『哲学的認識のために』（ともに法政大学出版局）など。

植民学《しょくみんがく》の記憶《きおく》
――アイヌ差別と学問の責任

2015年7月30日　初版第1刷発行　　定価2,400円＋税

著　者　植木哲也©
発行者　高須次郎
発行所　緑風出版
〒113-0033　東京都文京区本郷2-17-5　ツイン壱岐坂
［電話］03-3812-9420　［FAX］03-3812-7262［郵便振替］00100-9-30776
［E-mail］info@ryokufu.com［URL］http://www.ryokufu.com/

装　幀　斎藤あかね　　イラスト　黒瀬久子
制　作　R 企 画　　印　刷　中央精版印刷・巣鴨美術印刷
製　本　中央精版印刷　　用　紙　大宝紙業・中央精版印刷　　E1000

ISBN978-4-8461-1512-8　C0036